暗示的力量

唤醒孩子的内驱力

舒颜 著

吉林出版集团股份有限公司
全国百佳图书出版单位

图书在版编目（CIP）数据

暗示的力量：唤醒孩子的内驱力/舒颜著.
长春：吉林出版集团股份有限公司，2025.2. --ISBN 978-7-5731-6123-9

I. G782

中国国家版本馆CIP数据核字第2025MY4936号

ANSHI DE LILIANG: HUANXING HAIZI DE NEIQULI

暗示的力量：唤醒孩子的内驱力

著　　者：舒　颜
策划编辑：矫黎晗
责任编辑：孙　婷
封面设计：陈保全
出　　版：吉林出版集团股份有限公司
发　　行：吉林出版集团青少年书刊发行有限公司
电　　话：0431-81629808
印　　刷：德富泰（唐山）印务有限公司
开　　本：710mm×960mm　1/16
字　　数：160千字
印　　张：10
版　　次：2025年2月第1版
印　　次：2025年2月第1次印刷
书　　号：ISBN 978-7-5731-6123-9
定　　价：48.00元

版权所有　翻印必究

前言

　　正确的教子方式，不仅可以启迪智慧，对于孩子品格的塑造和能力的培养，也有积极的作用。欧阳修的母亲画荻教子，岳飞的母亲刺字明志，都是教子的典范。然而随着时代的发展，人们对家庭教育提出了更高的要求，对亲子关系也产生了更高的期待。

　　家长不厌其烦的说教和谆谆告诫早已效用不大。严峻的现实对当代的父母发起了新的挑战。如何把孩子培养成德才兼备的人才，如何使孩子健康快乐地成长，是摆在每一对父母面前的课题。

　　相比于苦口婆心的说教和耳提面命的教导，恰当的心理暗示更容易对孩子的行为产生积极影响。因为暗示会让人的思想和性格在不知不觉中受到感染，效果明显，且不会引起强烈的抗拒。暗示有春风化雨的作用，可以在滋润孩子心田的同时成就孩子。

　　然而，暗示是一把双刃剑。如果把孩子比作含苞待放的花蕾，正面的暗示就是春风和雨露，对孩子的成才起着积极的催化作用；

而负面的暗示就是寒霜和冰雪，不仅摧残孩子的心智，还有可能扼杀孩子的生命力。父母只有掌握了正确的暗示方法，才能赋予孩子灵气和力量，为孩子开启更加美好的人生。

可以毫不夸张地说，孩子的命运密码掌握在父母手里。父母知书达理、温柔和善，总是运用积极的暗示激励孩子，孩子成才的概率会成倍增加；反之，父母刻板、悲观，情绪不稳定，总是向孩子输出负能量和负面暗示，孩子就会变得消极反叛，甚至会输掉自己的人生。因此，父母不但要明确自己承担的家庭责任，还应做到与时俱进，运用正确的方式教导孩子，为社会培养合格的人才。

纵观中国父母，很多人抱有望子成龙、望女成凤的心态，但是对于科学养育孩子，却都一知半解。面对厌学的孩子、叛逆的孩子、不成器的孩子，父母既生气又无奈，却始终探索不出有效的教子之方。本书涵盖了数十种实用的心理暗示法，旨在帮助广大中国父母正确认识孩子的心理成长特征，找到解决现实问题的捷径。希望通过阅读本书，父母们能够改善亲子关系，成为陪伴孩子成长的良师益友。

目录

第一章
好孩子是夸出来的
——使孩子越变越优秀的暗示法

多赞美，少嘲笑，学困生也能成为"潜力股" … 002

当孩子信心不足时，用"你最棒"为他加油 … 004

对于有上进心的孩子，要认可他的努力 … 006

提升孩子的自信，在小事上表达称赞 … 007

当表扬孩子时，肯定的眼神最重要 … 009

当孩子厌学时，用赋能式鼓励代替说教 … 011

培养孩子处事的能力，把"我能行"植入孩子的大脑 … 013

当孩子迷茫消极时，利用故事激发其信心 … 015

第二章
80%的学习困难都与考试压力有关
——给孩子"减负""减压"的暗示法

减轻孩子的学习压力，赋予考试新的意义	018
备考时让孩子按照自己的节奏复习	020
要孩子超常发挥，先降低你的期待值	021
告诉考砸的孩子：下一门将会考好	023
告诉畏难的孩子：你难，别人也难	025
为孩子减压，正向激励可化压力为动力	026
要让孩子专心学习，就不能以排名去评判	027

第三章
讨厌学习的孩子也可能爱上学习
——激发孩子学习兴趣的暗示法

培养孩子的学习兴趣，引导孩子像科学家一样思考	032
当孩子心中有疑问时，鼓励孩子探索和试错	034
激发孩子的好胜心，布置具有挑战性的任务	035
当辅导孩子学习时，启发兴趣是第一位的	037
在朝着大目标努力时，先用小目标激发内驱力	039
针对孩子的兴趣，为孩子打造趣味学习空间	041
在激励孩子时，千万不要拿他和别人家孩子比较	042
孩子何时最爱学习——充分休息之后	043

第四章
无规矩不成方圆，培养好习惯须从小抓起
——培养孩子规则意识的暗示法

为孩子立规矩，言传身教是最好的示范教育	048
培养良好习惯，启动条件反射训练	049
克服不良习惯，让暗示信息显而易见	051
要坚持新习惯，可将其串联到其他习惯中	052
培养孩子的自律精神，用环境暗示和引导	053
要改变孩子的坏习惯，先激发孩子改变的渴望	055
纠正坏习惯，动作暗示远胜于训斥	057

第五章
管教叛逆的孩子，"软法子"往往比体罚更有效
——使孩子理解、敬爱父母的暗示法

在发生亲子冲突时，冷静对待至关重要	060
当孩子屡教不改时，就让他"吃一堑，长一智"	061
缓和亲子关系，平等和尊重是沟通的前提	063
孩子不是你的木偶，不要试图操纵孩子	064
不要用爱绑架孩子，不要总是强调你的付出	066
学会温和地沟通，给予孩子"严厉的爱"	067
不要重复说教，小心越唠叨孩子越叛逆	069
为孩子提供选择，不要强迫孩子接受你的安排	070

第六章
爱是万能解药，给予孩子面对挫折的勇气和力量
——使孩子积极应对失败的暗示法

在孩子遭遇挫折时，告诉孩子还有"B 计划" ... 074
在孩子烦恼时，运用同盟暗示法表达支持 ... 075
顺境才易成才，让孩子活出松弛感 ... 077
告诉失败的孩子：你只是运气不好 ... 078
不要吝啬你的笑容，笑是最好的安慰剂 ... 080
为孩子加油打气，肢体语言是最强的暗示 ... 082
在孩子颓废时，运动是最有效的解压药 ... 083
重建信心，鼓励孩子从最容易的事情做起 ... 085
说教无用，直观的感受才能打动内心 ... 087

第七章
每个孩子都是宝藏，帮助自卑的孩子找到天赋密码
——使孩子提升自我价值感的暗示法

宁可让孩子自负，也不能让他自卑 ... 090
让为外貌自卑的孩子学会揽镜自照 ... 091
告诉孩子：你已经足够好！ ... 093
摒弃打压式教育，孩子需要你的认可 ... 094
表扬孩子的点滴进步，让他学会自我肯定 ... 096
不说泄气的话，只说正能量口头禅 ... 097

实现从零到一的突破，帮助孩子体验成功　　　　　　　　099
包容无关痛痒的错误，不在琐事上消耗孩子　　　　　　100
暗示失落的孩子：失败了也没关系　　　　　　　　　　102

第八章
用孩子的逻辑，化解孩子的坏情绪
——帮孩子戒除情绪化的暗示法

不要压制孩子的情绪，要允许孩子发脾气　　　　　　　106
发现孩子情绪背后的需求，实现高质量的陪伴　　　　　107
孩子的痛苦也是痛苦，要理解和认同　　　　　　　　　109
提供情感支持，做孩子成长阵痛的"创可贴"　　　　　　110
如果不善言辞，利用留言表达对孩子的爱　　　　　　　112
孩子也有自己的小秘密，鼓励他写日记倾诉　　　　　　114
当孩子撒泼打滚时，冷处理更有效　　　　　　　　　　116
在孩子胡乱发脾气后，让他为自己的行为买单　　　　　118
面对孩子，多谈感受少谈回报　　　　　　　　　　　　119

第九章
教会孩子对校园霸凌勇敢说"不"
——使孩子远离伤害的暗示法

消除孩子心中的顾虑，鼓励孩子勇敢面对霸凌　　　　　124

当孩子不能直言委屈时，要读懂孩子的求助信号　　　　125
霸凌不分大小，"小打小闹"也可能是霸凌　　　　　　127
告诉孩子：被霸凌不是他的错，有错的是霸凌者　　　　129
赢得孩子的信任，做孩子最坚实的后盾　　　　　　　　130
该报警时就报警，为孩子打造安全屏障　　　　　　　　132
冲冠一怒不能解决问题，孩子需要心理安慰　　　　　　134

第十章
社交是孩子一生的必修课
——帮助孩子应对社交难题的暗示法

与陌生人打招呼没那么重要，不要强迫孩子　　　　　　138
纠正孩子的走路姿势，让他抬头看世界　　　　　　　　139
害羞不是缺点，不要给孩子贴标签　　　　　　　　　　140
对于畏首畏尾的孩子，要多多包容和引导　　　　　　　142
孩子不参与集体游戏，等于拒绝社交　　　　　　　　　144
协助孩子建立社交网络，但不要强硬干涉　　　　　　　145
孩子与他人产生摩擦时，父母关注情绪优于处理问题　　147
帮助孩子筛选朋友，现身说法很有用　　　　　　　　　149

第一章

好孩子是夸出来的

——使孩子越变越优秀的暗示法

传统的教育观念认为,"玉不琢,不成器",想把孩子培养成才,必须严格要求,严苛对待。在这种观念的影响下,虎妈狼爸大行其道,打压式教育广泛流行。许多孩子在家长的负面暗示下,开始自我厌弃,甚至自暴自弃。大量事实证明,相比于使孩子感到难堪的批评之语,赞美教育和积极暗示,才是开启孩子心智的成功密码。父母愿意毫不吝啬地夸奖孩子,方能使孩子越变越优秀。

多赞美，少嘲笑，学困生也能成为"潜力股"

心理学家说，你想成为什么样的人，就不断暗示自己，持续展示最佳状态，最后就能成为自己想要的样子，这就是暗示的力量。学困生反复自我暗示，成绩不理想只是暂时的，只需不断付出努力，他日一定能取得好成绩，从此自我鞭策，坚持不懈地学习，确实有可能梦想成真，在学业上获得意想不到的可喜成果。

遗憾的是，大多数被贴上"学困生"标签的孩子，通常会在老师、同学、家长的多番打击下，逐渐迷失自我，给自己的暗示都是消极的。有时候，父母也会成为摧毁孩子自尊心、自信心的帮凶。相较于其他人，父母的消极暗示负面影响更大。因为在孩子心目中，父母是最信任、最亲密的人，父母的评价和态度，直接影响孩子的自我认知。父母收回刻薄的言语和消极的暗示，学会运用积极的暗示引导孩子，是非常重要的。有时候，父母出其不意的一句话可能改变孩子的一生。

> 美国有一个学困生叫罗杰·罗尔斯，从小调皮捣蛋，成绩一塌糊涂，经常打架、逃学，还染上了偷盗的劣习。老师和同学都认为他不可救药，他自己也这样认为，所以每天浑浑噩噩混日子，从来没有改好的想法。一天，他像只猴子似的敏捷地从窗台跳下，伸着小手窜向讲台，这一幕恰好被校长撞见。校长看到他上蹿下跳，丝毫没有责备的意思，反而满怀热情地赞叹道："我一看你修长的小拇指就知道，将来你一定会当上州长。"

第一章 好孩子是夸出来的

> 罗尔斯听罢，顿时备受鼓舞，心中暗暗发誓，一定要活出人样来。在此之前，除了奶奶，没人相信他会有所成就。奶奶说过，或许他能成为一名船长。校长却断言，他是当州长的料。罗尔斯相信校长的眼光，也相信自己的潜力。从此他以州长的标准严格要求自己，不再说脏话，不再偷东西，打架斗殴的事也不参与了，变成了一个言行得体、衣装整洁、积极上进的好学生，整个人的精神面貌焕然一新。后来，经过四十多年的努力，他终于成为纽约州的州长，证实了校长当年的预言。

有多少父母，会像校长那样对一个学困生说："我看好你。""你将来肯定有出息！""一看你就是当××的料！"一般来说，这些赞美的话语都是给优等生的。学困生得到的暗示很可能是"你笨死了！""你干什么都不行！""你真是烂泥糊不上墙！"其实，学困生很自卑，即使别人没有喋喋不休地批评他，他也有可能产生自暴自弃的想法。不断接收外界的消极暗示，尤其是来自父母的严厉责备，他就更加想要破罐子破摔了。学困生自甘堕落，表现得越来越差，消极的暗示负有一大半责任。

学困生可能变成优等生吗？丑小鸭是否能变成白天鹅？这个问题不好回答。不过可以确定的是，积极的暗示确实可以使人产生脱胎换骨的力量。把孩子看作"潜力股"，他就有可能激发出巨大的潜能，成为一个优秀的人。

当孩子信心不足时，用"你最棒"为他加油

"你可以的，你很棒！"这是一句非常有效的心理暗示，当孩子信心不足时，用它给孩子加油打气，可以帮助孩子增强自我效能感。

很多心理学实验研究表明，孩子会对父母的话深信不疑，且有把家长观念转变为自身信念的倾向。作为父母，你从内心深处认为，你的孩子是聪明的、优秀的，反复用赞扬的话语暗示他，他就会朝着你期望的方向发展，慢慢变成出色的孩子。相比于传统的打压式教育，充满温情的鼓励式教育显然更有利于孩子的成才。

> 马斯克发育迟缓，三岁还不能正常说话，周围的很多人怀疑他有智障。他的母亲却说："我儿子思考能力很强，他总是在思考问题。"要知道，别的孩子几个月大就能牙牙学语，半岁会说叠词，三岁能说简单句子，甚至可以毫不费力地讲故事，而语迟的马斯克什么也不会说。换作其他母亲，恐怕要带他到医院检查智力了。马斯克的母亲没有这么做。在她眼里，马斯克是一个安静爱思考的孩子，不但不笨，而且与众不同，非常聪明。
>
> 听到母亲这样评价自己，马斯克非常开心。他没有因为自己笨嘴拙舌而苦恼，相反，他无比坚定地相信，相比于吵闹爱表达的孩子，自己有更独特的优势。当别的孩子沉迷于游戏、聊天的时候，他已经开动脑筋思考。长大后，凭借天才般的大脑，他成功把火箭送上了遥远的太空，并创建了特斯拉，在科学界和商界取得了举足轻重的

第一章 好孩子是夸出来的

> 地位。然而鲜有人知道，这位商业巨擘和科学狂人，曾经也是一名学困生，至少在学说话的阶段，和同龄人相比，他输在了起跑线上。因此，从某种意义上说，母亲的鼓励和期许，改写了他的命运轨迹。

孩子的自信和底气，皆源自养育者的信任和期待。父母愿意赞扬孩子而不是贬低孩子，才能使孩子产生改变的勇气和动力。可惜这一观念，只有深谙教育心理学的人才知道。出演电影《阿甘正传》中"阿甘"一角的著名演员汤姆·汉克斯，小学时成绩很不理想，偶尔还会逃学。但是，他的戏剧老师没有因此放弃他，还发现了他潜在的表演天赋，于是不断激励他。正是由于老师的支持，汤姆·汉克斯才走上了演艺之路。很多父母都不会对身为中等生或学困生的孩子鼓劲，甚至可能经常说丧气话，或者没好气地表达不满和失望，这就是他们的孩子越来越放任自己的根源。好孩子是夸出来的。父母无条件地相信孩子，乐于毫不吝啬地表扬孩子，方能让孩子越来越自信、越来越优秀。

夸孩子是需要技巧的。简简单单的一句"你真棒"虽然奏效，但表扬的内容如果具体化，往往更令人信服。家长夸孩子时最好多留意细节，比如看到孩子按时完成作业，可以这样夸："你每天都能按时完成老师布置的作业，说明你很自律。"看到孩子仔细订正以往的错题，可以这样夸："你学习很认真，也注重学习方法。这非常难得。"发现孩子每天在固定的时间做作业，可以这样夸："想不到你小小年纪，已经懂得时间管理了。"总之，要让孩子认识到，即使成绩暂时提不上去，他仍然很聪明很优秀，只要肯努力，未来一定可期。

暗示的力量：唤醒孩子的内驱力

对于有上进心的孩子，要认可他的努力

父母评价孩子，常用学校和成绩衡量。重点学校、漂亮的成绩单、遥遥领先的分数，是众多父母追逐的目标。至于目标的实现，是拼天赋还是靠勤奋，父母多不在意。很多成年人讲求利弊得失，对待生活缺乏热情和想象，只求结果不看过程。因此，对待勤勉好学、成绩暂时不理想的孩子，父母往往缺乏宽容，更不懂得激励孩子厚积薄发、百尺竿头更进一步。

"你只在乎我飞得高不高，却不在乎我飞得累不累。"一句简单平实的抱怨，道出了孩子对父母的无尽失望。有些父母对此充耳不闻，喜欢用"不许讲苦劳只讲功劳"的方案考核孩子，强迫孩子为高远的目标努力奋斗，结果孩子非但没有进步，成绩反而开始下滑。

这些父母不知道，成年人和未成年人的思维、感受是完全不一样的。冰冷的数字和结果，对于感情丰富、天真烂漫的孩子来说，是没有吸引力的。譬如爬山，成年人在乎的是登顶的荣耀，享受的是俯瞰世界"一览众山小"的感觉，孩子的注意力却在沿途的风景上，一草一木、一花一石，山间呼啸的风声、耳畔清脆的鸟鸣，都能给他们带来愉悦的感受。至于冲上山巅的兴奋感，也不过是所有体验的一瞬而已，刹那的快感远不如整个行程重要。

一个原本刚过及格线的孩子，经过苦读，考取了80分，他之所以感到欣慰，是因为自己的付出终于有了回报，而比起回报，努力的过程更值得纪念。拿到考卷的时候，他会回忆起自己早晨摇头晃脑背单词、晚上冥思苦想在灯下解题的那些时光。可有些父母不看重这些，只在乎自己的孩子有没有考满分。结果不尽如人意，这些父母就不满意。

"有什么值得骄傲的，你并没有拿到100分。"这样的暗示，对一个有上进心的孩子来说，具有致命的杀伤力。它传达给孩子的信息无非是：你的努力一

文不值，我要的是结果，只要你的表现达不到我的预期，我就不会认可你。孩子听了这种话，无疑会非常伤心、非常沮丧，可能会因此放弃后续的努力。

有些父母常用"铁杵成针""水滴石穿"之类的成语劝勉孩子学习，自己却不知道，任何一个结果的达成都必须经历一个循序渐进、蓄积沉淀的过程，重结果轻过程本身就是不对的。虽然结果很重要，但以结果为导向否定他人的全部努力，是非常霸道的，也是十分不合理的。从孩子的视角来看，过程比结果更有意义。父母只有调整自己的认知，认可孩子付出的努力，才能通过暗示的力量激励孩子，收获相对满意的结果。

"你很努力，值得表扬！"这才是父母应该给予孩子的暗示。得到这样的暗示，孩子无疑会满心欢喜，无论暂时成绩如何，他日后学习起来肯定更有劲头。因为努力是无止境的，只要肯用功，他便能获得肯定，这种持续的精神奖励，将陪伴他实现更多宏大的目标，促使他收获更多的成就。

普通人总是艳羡名人、伟人的高光时刻，却不知道他们背后付出了多少常人难以想象的努力。优秀的人达成目标，同样不是一蹴而就的。父母如果懂得在孩子努力的时候，鼓励他们加把劲，并时刻肯定孩子的付出，那么孩子即便资质平庸，也有可能在暗示的力量下，成长为一个出色的人。

提升孩子的自信，在小事上表达称赞

认为孩子一无是处，什么都做不好，是许多父母的通病。这样的父母似乎觉得孩子必须干出一件惊人的大事，或是在学业上取得突破性进步，才值得表扬，否则就必须忍受批评和贬低。这种暗示无疑大错特错。

其实，有时候小事反而能更直观地反映出一个人的能力和品格。比如，把房间打扫得窗明几净的人，往往比较自律。愿意扫一屋的人，才有可能成就

"扫天下"的事业。看待孩子，同样可以以小见大。司马光小时候懂得运用逆向思维砸缸救人，说明他聪慧过人；达·芬奇小时候愿意不厌其烦地画鸡蛋，说明他很有耐心。对待已经功成名就的人，人们习惯用显微镜放大他们的优点，美化他们的童年，甚至把他们塑造成天赋异禀的神童，事实上，每个孩子都有过人之处，所不同的是，对待自己的孩子，我们缺乏细细审视的意识和洞见。

米开朗琪罗塑造的雕像主题宏大，气象万千，视觉上给人以强烈的震撼。但他的作品之所以伟大，是因为细节表达到位。人像的每一处起伏、光影的流转变化，全部刻画得栩栩如生。这才是伟大作品被赋予血肉的秘密。看待和评价一个孩子也是如此，你不能抛开小事和细节，只从抽象的整体看待孩子。

老师常说，学生的天职是学习，意思是对于求学阶段的孩子来说，学习是第一要务，也是最重大的一件事情。家长们也都这么认为。然而学习这件大事，所涵盖的意义和价值，不光体现在成绩单上。从对待学习的态度和学习方式、方法上，我们可以看到一个孩子的信念和潜力。比如，孩子主动做作业，父母通常认为只是一件微不足道的小事，不值得夸赞。然而，主动写作业这一细节，说明孩子具备学习的自主性，这是非常难得的品质，十分值得表扬。再比如孩子把铅笔削得粗细适中，写字清晰匀称，这也是看似不值一提的小事，但从这件事上，我们可以看出孩子心思细腻，做事一丝不苟，这是件好事，也值得夸奖。从实用角度看，清晰工整的字迹，容易博得阅卷老师的好感，对拿高分也有利。所以，千万别小瞧了孩子擅长的小事。

孩子成绩不够优异，又没有突出的优点，一般来说，父母都不会称赞他们。父母常犯一种错误，即把孩子视为一部抽象的学习机器或是一件面目模糊的艺术品，不愿看清其中的细节，无法发现孩子身上独特的闪光点。其实，每个孩子都是熠熠生辉的存在。学会从小处着眼，由衷地欣赏孩子，真诚地发出赞美之声，是提升孩子自信的有效手段。从某种程度上说，儿童的自信来源于养育者的积极暗示。父母不逼迫孩子干大事拿高分，而是乐于从小事上培养孩子的美好品格和学习精神，更有利于孩子的长期成长。

父母好高骛远、急功近利，一旦孩子表现不佳，便忍不住斥责和辱骂，一系列消极的暗示将瓦解孩子的信心，动摇孩子的意志，任何的鞭策都将起到适得其反的效果。反之，父母乐于以平常心看待孩子，发现孩子在某些小事上做得很好，立即传达"你不错""你很好"的信号。这些积极暗示将通过潜意识层面影响孩子的判断，使孩子产生自我良好的感觉，从而做出更多积极的改变。

当表扬孩子时，肯定的眼神最重要

人们常说："眼睛是心灵的窗户。"透过一个人的微妙眼神，我们能精准捕捉到他内心的变化和丰富的情感表达。通常，柔和温暖的眼神是爱意的表达，犀利冰冷的眼神暗含着责备与逼迫，暗淡无光的眼神折射的是疲惫与失望。

有些孩子敏感脆弱，在家庭环境中，往往善于察言观色。有时家长只需投以一个严厉的眼神，便能有效制止孩子淘气、胡闹，从这个角度来看，眼神的暗示作用大大胜于言语。对于心智不成熟的孩子来说，来自父母的肯定比什么都重要。他们放弃睡懒觉，早早起床用功，晚上挑灯夜战埋首书堆，仅仅是为了换来父母一个肯定的眼神。

父母在孩子心中是什么地位呢？我们不妨从古老的神话中寻求答案。在古希腊神话中，英雄安泰力大无穷，几乎没有人能打败他。只要身体不离开大地，他便能从地母盖亚那儿源源不断地获取能量，战胜所有强劲的对手。勇士赫拉克勒斯几次挑战安泰，均以失败告终，心里很不服气。经过观察，赫拉克勒斯发现安泰每次倒地，都能从大地之母那里获取新的力量，由此发现了安泰的秘密，于是设法将其高高举起，在半空中杀死了他。可见，对于子女而言，父母是力量之源，孩子有了父母的支持，才具备超越自我、超越一切竞争对手的勇气。

事实上，你的孩子远比你想象的更在乎你。在成人的世界里，也许你只是一个普普通通的劳动者，没人在乎你的评价和看法。但在孩子眼中，你却是世界的中心，你的肯定和褒奖比世间最昂贵的钻石还要珍贵。所以，对待孩子，不要吝惜任何一种表扬的方式，正向的眼神交流和眼神暗示多多益善。

看到孩子主动洗碗，或是看到孩子认真做题，一个包含着赞赏之意的眼神，会让孩子觉得比吃了蜜还甜。恰当的眼神暗示，不仅能帮助他们建立强大的自信和安全感，还能使他们感受到被爱、被尊重和被欣赏。如果父母的眼神是温和的、满含笑意的，孩子感觉到自己是被接纳、被重视的，就会浑身充满力量。相反，父母的眼神带有明显的压迫感，给孩子带来的是一种居高临下被审视的不良感受，会使孩子变得局促不安，内心的能量也会跟着耗光。

有的父母为了鞭策孩子取得更好的成绩，喜欢用疾言厉色的方式对待孩子，无论孩子表现得多好，都不愿释放一点温情。这种做法无疑是错误的。儿童很难用成年人的方式理解眼神背后的复杂含义。如果父母给予的眼神传达的是消极的暗示，那么他只会简单地理解为：自己很差劲，无论怎么做，父母都不可能满意。久而久之，他会感到绝望，甚至发展成自甘堕落。

其实，孩子需要的东西很简单，你只需要给他一个充满爱意的肯定的眼神就足够了。一个眼神不需你劳神费心，也不会花费你任何成本，却能给孩子提供巨大的情绪价值，促使他获得积极向上的力量。用一个纯粹的眼神传达出对孩子的信任和赞赏，而不是施加压力、展露威严，不仅可以提供给孩子蓬勃向上的精神动力，还有助于跟孩子建立更深层次的情感联系，使其越变越优秀的同时发展出健康健全的人格。

当孩子厌学时，用赋能式鼓励代替说教

孩子学习进步飞快时，家长常常说："我为你感到自豪，为你感到骄傲。"起初，孩子为了取悦家长，会更加发奋学习，可是随着年龄的增长，孩子会渐渐陷入困惑和迷茫，认为每天按部就班地学习完全是为了取悦父母，根本不是为了自己。如此一来，他会把学习当成负担，进而产生厌学情绪。这时，不明所以的父母免不了要唠唠叨叨说教，使孩子感觉厌烦。

传统的鼓励方式，直言不讳地表达期待，往往会给孩子造成压力。因为以"我"为主语的鼓励话语，重心在家长身上，对孩子只有期许和要求，缺少理解和尊重。此类暗示的潜台词是：我的感受是第一位的，你必须为我的感受负责。你要取得好成绩，让我为你骄傲。因此，孩子的学习要围绕着父母的期待展开，无论有什么理由，孩子都不能违背父母的意志，更不能让父母的期待落空。心理脆弱的孩子，可能因为接收到这样的暗示，感觉被压得喘不过气来，对于繁重的学习任务，会产生不可遏制的排斥心理。

说教比传统式鼓励更糟糕。对孩子来说，父母毫无新意的说教比一板一眼的大道理更加不可接受。因为说教意味着地位和力量的不对等，父母开启长篇大论的说教模式，代表其企图利用权威压制孩子的真实想法。

相较而言，赋能式鼓励更契合孩子的心理。那么什么是赋能式鼓励呢？从字面意思上理解，就是把话语的重心从家长身上转移到孩子身上，采用充满正能量的话语为孩子赋能，使孩子正确认识到自己的价值和体内潜在的力量。

最简单的赋能式鼓励莫过于"你能行！""你可以做到！"别小瞧了这两句简短的暗示。它们所蕴含的力量，足以燃爆孩子的小宇宙。

小的时候，我没有自信，常把"我不行""我做不到"挂在嘴边，什么都不敢尝试。姑姑一次又一次地鼓励我"你能行！""别人能做到的，你也能做到！"在她的反复暗示下，我做了很多大胆的尝试，完成了很多我自认为永远也做不到的事。

　　中学时代，我沉默寡言，不相信自己的语言表达能力。语文老师要求同学主动到讲台前口述作文的时候，我从来不敢举手。看到同学大胆表达自己，我只有羡慕的份儿。语文老师没有因此放弃我，而是鼓励我说："你能行，相信自己。"最后，在她的激励下，我勇敢地走到了讲台上，面向听众慷慨陈词，赢得了一片响亮的掌声。

　　大学毕业以后，我竞聘工作，被要求临场发挥即时发表演讲。面对台下黑压压的人群，我莫名心慌和紧张，担心自己搞砸了，变成现场直播式的笑料。恍然间，我想起了姑姑和语文老师的鼓励。那句简简单单的"你能行"再次赋予我无限的勇气。我突然像吃了菠菜的大力水手，浑身充满能量。沉吟片刻，我毅然走上讲台，从最初的手足无措，演变为口若悬河、妙语连珠，最终赢得了面试官的赞赏。当我进入笔试环节时，她一直在夸赞我的演讲风格，这着实令我感到意外。

　　可见，赋能式鼓励可以持续性发挥作用，甚至能够以奇妙的方式改变一个人的人生轨迹。这是非常值得深思的事情。

培养孩子处事的能力，把"我能行"植入孩子的大脑

父母的一句"你能行"如何自然而然地转化成"我能行"的信念，并深深植入孩子的大脑，是我们需要考虑的问题。有的父母频繁地暗示孩子"你能行"，孩子却始终畏缩不前，几乎不受良性暗示的影响。这是为什么呢？归根结底，与父母的教育方式有关。

孩子在幼年时期，探索欲和好奇心很强，特别愿意接触新鲜事物，喜欢尝试原来没做过的事情。焦虑的父母出于不信任的心理，不敢放手让孩子去做，无论什么事情都习惯大包大揽。天长日久，孩子便会形成"我不行，必须让爸爸妈妈帮我，问题才能得到解决"的观念。在这种消极暗示的影响下，孩子遇到问题就会马上寻求帮助，根本不相信自己具备独立解决问题的能力。

可以毫不夸张地说，每一个"巨婴"背后都站着强势且习惯包揽一切的父母。父母过度操心，事无巨细地打点孩子的学习和生活，不仅阻碍孩子成才，还有可能让孩子失去自理能力。

有一位天才少年，每次考试成绩都位列榜首，从小被笼罩在"学霸"的光环中，老师、家长对他交口称赞，同学视其为望尘莫及的偶像。可是除了学习，他什么都不会做，连最基本的生活技能都没掌握。据说，鞋带开了他自己不会系，父母俯身帮他系好，他才能重新走路。事情传开以后，他成了"高分低能"的典型，口碑和舆论发生了惊天逆转，人们开始为他的未来担忧。从此在众人口中，他不再是前途光明的学子，而是沦为被怀疑和嘲笑的对象。家长们以为他学习

暗示的力量：唤醒孩子的内驱力

> 学傻了，谁也没有认真反思过，一个聪明绝顶的尖子生，为什么连自己动手系鞋带都不会。

父母在大事小事上暗示孩子："你自己做不好，凡事由爸爸妈妈帮忙或代劳，事情才能处理好。"孩子内心本不牢固的"我能行"的信念就会被无情扼杀。当"我不行"的观念变得根深蒂固的时候，父母无论浪费多少口舌，重复多少遍"你能行"，都不可能重新唤起孩子的信心。

在能力和经验方面，孩子可能不及成人。父母往往不相信孩子能把所有的事情处理妥当。但这种怀疑和判断，会潜移默化地影响到孩子对自己的评价。事实上，事情是否能够处理得尽善尽美并不重要，给予孩子充分的信任和锻炼的机会，让孩子学会相信自己，才是父母应尽的本分。

部分父母"望子成龙，望女成凤"，希望孩子在学业上有所斩获，对学业以外的学习能力培养，则表现得漠不关心。所以，与学习无关的事情，父母全部包揽，这就给孩子造成了一种错觉："我只会考试写作业，除此之外，什么都不行。"学习成绩不理想的孩子心态更糟："我一无所长，学习不好，其他事情也干不好。"

==父母学会适度放手，在为孩子提供力所能及的帮助时，尝试着让孩子主导和掌控局面，才能让孩子在实践和挑战中不断深化"我能行"的观念，进而产生勇气。==

当孩子迷茫消极时，利用故事激发其信心

名人事迹和脍炙人口的小故事，不仅能滋养人的心灵，还能以"润物细无声"的方式悄然改变一个人的消极观念。它的暗示效果通常比激情澎湃的口号更为理想。这是为什么呢？因为无论成人还是孩子，都很容易被引人入胜的故事情节吸引，并会在不知不觉中接受故事中蕴含的某些道理。故事的魅力和魔力由此可见一斑。

> 初入社会时，我还是一个没有方向感的懵懂青年，置身于完全陌生的城市，常有前途未卜的感觉。焦虑迷惘时，我多次想起史泰龙应聘工作被拒的故事。银幕上的史泰龙肌肉发达、身形健美，动作潇洒利落，由于不苟言笑，冷酷忧郁中又增添了几分神秘。然而鲜有人知道，他不笑，是因为出生时难产，医生误用助产钳伤害了他左脸颊的肌肉，导致他面部神经受损。也就是说，刚刚来到这个世界，他就成了一个有缺陷的人。半脸面瘫和口齿不清，使他看起来异于常人。可他并未因此看低自己。成名之前，别人说他一脸凶相，不愿给他提供工作机会，但他仍然没有放弃闯荡好莱坞的梦想。
>
> 到电影公司碰运气的时候，史泰龙穷得连一件像样的西服都买不起。他每天穿着一身廉价衣服，带着精心创作的剧本，逐一拜访好莱坞的所有电影公司。500家公司异口同声地拒绝了他，谁也无心聘用他。连续吃了500次闭门羹，碰了一鼻子灰之后，史泰龙没有气馁。被最后一家电影公司拒之门外后，他又从第一家公司开始，开启了新

暗示的力量：唤醒孩子的内驱力

一轮的拜访，结果仍是失败，他又被拒绝了 500 次。第三轮的拜访结果与第二轮如出一辙，第四轮拜访时，事情出现了转机，一家公司的老板看上了他的剧本，决定投资拍摄相关电影，并同意让他担任男主角。这部电影名字叫作《洛奇》，是史泰龙的银幕首秀。影片上映后，在全球收获了上亿美元的票房，史泰龙一夜之间名声大噪，成为身价不菲的好莱坞巨星，那是他被拒绝 1855 次后得到的馈赠。

被迷茫和挫败感萦绕的时候，史泰龙的故事一度激励我战胜困厄，奋勇前行。那时我深信，多尝试一次，就会获得一份获胜的筹码，所以不管事情进展得多么不顺利，我都没有彻底丧失信心。

在学业上遇到挫折的孩子，可能觉得自己不是学习的料，对改变现状没有任何信心。父母可以利用打动人心的小故事暗示孩子："他成功之前，也像你一样平平无奇，在学业上表现不出色，其他方面也不出彩。但是他通过自己的努力，改写了命运，成为一个了不起的人。"孩子接收到这样的信号，便会不由自主地暗示自己："原来了不起的大人物小时候也很普通啊。我现在在学业上一无所成，不代表将来也一事无成。只要我不放弃，一切都是未知数。"

寻找与故事中的人物的共同点，并鼓励孩子："他能做到的，你也有可能做到""你的人生有无限的可能"，无疑会给孩子带来积极暗示。孩子听了，多半会深信不疑，未来可能在自我实现预言的影响下，变成自己所崇拜和期待成为的人。

第二章

80%的学习困难都与考试压力有关

——给孩子"减负""减压"的暗示法

孩子出现学习障碍，不是天赋不够，也不是学习能力欠佳，而往往主要是由心理压力过大造成的。除了少数心理素质过硬的学生，大部分学生都面临着巨大的考试压力。学校和家长过分注重分数和排名，更是进一步加重了孩子的心理负担。父母转变观念，学会给孩子"减负""减压"，孩子才能轻装上阵，以积极放松的心态应对日常考试和学习生活。

减轻孩子的学习压力，赋予考试新的意义

考试是为了什么？为了拿高分，读好学校，毕业后获得一份相对理想的工作，从此过上体面富裕的生活？这是成年人的追求，不是孩子的。父母把这套过于务实的价值观念传达给孩子，孩子大抵不会接受。因为对于一个不谙世事的孩子来说，这幅遥不可及的图景一点也不诱人。成年人喜欢计划，总是忙着为竞争做准备，孩子更关注真实具体的感受。孩子并不愿意为了一个虚无缥缈的未来，长期忍受枯燥乏味的学习生活和考试所带来的种种压力。

很多孩子不知道为什么要读书，为什么要参加考试。为逃避压力，有的孩子可能会装病、赖床、撒谎，几乎要使出浑身解数。父母看到这种情况，通常会责备孩子不听话、不懂事，却从未认真想过孩子为何有这种表现。

其实孩子在考试前夕要花招、闹情绪，或是在考试过后出现严重的厌学情绪，大都与心理压力有关。而巨大的心理压力，源自对考试制度的不理解。做不完的卷子、背不完的书，应付不完的测验和考试，对他们来说，就像一座座大山，压得他们喘不过气来。他们不明白努力的意义是什么，因此即便暂时成功通过了考试，也不会产生"轻舟已过万重山"的畅快之感。毕竟越过山丘，前面还有无数的大山等着自己。

父母如何诠释考试的意义，才能为孩子所接受呢？灌输务实的一套肯定不行。

一个初二的小女孩在重点中学读书，每天都要做卷子，学校每隔一段时间组织一次考试。频繁的考试让她不堪重负。本来成绩中等偏

第二章　80%的学习困难都与考试压力有关

> 上的她，突然感到学习吃力，到了后期，连做作业的热情都没有了。她每天愁眉苦脸，不明白奋斗的意义是什么。她的母亲反复暗示她，现在努力学习是为了以后过上更好的生活，并用自己过去的艰苦经历激励她，希望她获得斗志。小女孩不以为然，对那套说辞厌烦透顶。

可否暗示孩子考试是为了求知，是为了探求真理呢？这种说法太过形而上了。或许亚里士多德和哥白尼之类的先哲和科学家真心那么想。正常的小孩子理解不了那么深奥的东西。关于学生为什么要读书和考试，美国前总统奥巴马在开学日的演讲中，是这么说的："或许你能写出优美的文字，甚至有一天能让那些文字出现在书籍和报刊上，但假如不在英语课上经常练习写作，你不会发现自己有这样的天赋；或许你能成为一个发明家、创造家，甚至设计出像今天的苹果手机一样流行的产品，或研制出新的药物与疫苗，但假如不在自然科学课程上做好实验，你不会知道自己有这样的天赋；或许你能成为一名议员或最高法院法官，但假如你不去加入什么学生会或参加几次辩论赛，你也不会发现自己的才能。"简言之，读书、考试是为了发现自己的天赋和才能，成为自己渴望成为的人。

成年人往往为前程和柴米油盐奔波，梦想可能早已暗淡。小孩子却不一样。他可能想当作家、记者、科学家、设计师，这些人生目标清晰而具体，不像"过上好生活"那样笼统空洞。父母不要用残酷的现实法则打击孩子，不妨试着用奥巴马的话说服他，并暗示他，想要实现高远的理想，必须经过长期的学习才行。只有学到了足够多的知识和本领，顺利通过层层考核，将来才有机会把美好的理想转化为现实。

暗示的力量：唤醒孩子的内驱力

备考时让孩子按照自己的节奏复习

妨碍孩子积极备考的因素有很多，其中最为关键的一个因素是父母的粗暴干涉。自主性强的孩子完全可以按照自己的节奏有条不紊地复习，父母强行插手，不仅会打乱孩子原有的学习计划，还会挫伤孩子学习的积极性，给孩子增添不必要的压力。

> 有一个初中生是计划性很强的女孩，小小年纪就知道如何妥善安排自己的学习生活，无论写作业还是复习功课，都有清晰完整的规划。但她的母亲不相信她，常常怀疑她偷懒或不用功，动辄趴在窗户上偷窥。女孩很愤怒，很长一段时间都处在烦躁不安的状态中。后来，她出现了比较严重的学习障碍，各门功课的成绩止步不前，始终徘徊在中游水平。其实以她的天资和努力，本可以取得更好的成绩。

两千多年以前，大教育家孔子提出了"因材施教"的教育理念，主张根据学生的天资、能力和志趣布置学习任务，这种教育方法比按照统一模式和标准教导学生更为合理。一般来说，每个孩子的接受能力和理解能力不一样，温习功课的效率也必然不同。父母讲求效率，过于推崇标准化方案，对本来有学习困难的孩子来说肯定是雪上加霜。

有些父母可能意识不到人是自然的一部分。任何违背自然的行为，都将招致惩罚。世间万物都有自己的节律，花开花谢、潮涨潮落、四季更迭，契合节令和时间，遵循自然规律；动物晨起和入眠，周而复始重复相同的活动，与体内的生物钟保持高度一致。大自然有自己的节奏和尺度，使生物按照各自的节拍规律性运动，不快一秒，也不慢一秒，一切都恰到好处。强行拨快时间，打乱固有的节奏，动植物会生病，人也一样。

考试前夕，揠苗助长，无益于成绩的提高，却有可能起到相反的效果。孩子温习功课的时候，父母在旁边监督，甚至指手画脚。此类行为无疑是在暗示孩子："你必须按照我的标准和要求，高效地复习学习内容。若不照办，后果自负。"它释放的是压力和威胁的信号，这样做不仅起不到督促孩子学习的作用，还有可能把孩子的精神压垮。

父母或许认为必须鞭策孩子，才能在最后的冲刺阶段，帮助孩子踢好临门一脚。事实却不是这样。每个孩子做事都有自己的节奏。有的看书能一目十行，解题十分迅速，有的无论阅读还是做题皆慢条斯理。我们不能强求他们的复习速度完全一致。==有的孩子早慧，有的孩子开窍晚，有的孩子像迎春花一样早早绽放，有的孩子花期未至，着急是没有用的。父母唯一能做的事就是静待花开==。

当学习困难的孩子面临考试压力时，父母不能继续在原有的压力上加码，而要尝试着给孩子"减负""减压"。最为妥当的做法莫过于反复暗示孩子：=="无论你学到什么程度，都是可以被接受的。""学习是你自己的事情，你自己安排。""按照你喜欢的节奏复习吧，什么都不用担心。"==孩子得到这样的答复，心理压力能消解大半。

要孩子超常发挥，先降低你的期待值

从经济学的角度看，高风险、高期待意味着高回报和高收益，生活却不是如此。以育儿为例，期待越高，往往失望越大，回报和收益却是看不见的。父母越是对孩子的成绩抱有高期待，孩子越容易考砸。这是因为，当你暗示孩子

"你必须拿到 100 分""你必须考进班级前十名"的时候,孩子会下意识地问:"如果我做不到呢?"接着他的脑海里可能预演各种灾难性后果,从此便无心复习了。

心理学中有一种现象:越想把一件事情做好,目的性越强,失败的风险和概率越容易成倍增加。这是因为,在压力面前,人患得患失,无法发挥正常水平。这种现象被称为"瓦伦达效应"。

> 瓦伦达是美国著名的特技表演者和冒险家。他凭借在高空走钢索的绝技,被誉为"空中飞人",在业界获得了数不清的赞誉和掌声。他屡屡为观众献上惊心动魄的演出,从来没有失过手。由于那双稳健的双脚踩在细细的钢丝上如履平地,人们有十足的理由相信,他永远不会坠落,永远不会出事故。瓦伦达也这样认为,因此他从未恐惧过什么。然而在进行职业生涯中最重要的一次表演时,他害怕了。他太想赢得知名人士的认可了,所以在正式演出前,他反复告诫自己:只许成功,不许失败。求胜心切的他,为了达到理想的演出效果,破天荒地没有使用保险绳。结果意外发生了。他走到钢索中间,刚做了两个连续的动作,就从高空中摔了下来。在一片尖叫声中,这位创造了无数传奇的高空杂技演员轰然落地,当场一命呜呼。

瓦伦达只想着目标的达成,而不专注于自己正在做的事情,出事几乎是一种必然。这个故事告诉我们,如果父母太过关注成绩,反复暗示孩子必须取得多少分数,孩子在瓦伦达效应的影响下就会患得患失,从而无法集中精力复习,这无疑会影响到考试的结果。试想一下,如果当初瓦伦达能像往常一样保持松弛感，表演时全神贯注，就不可能出现可怕的失误。同理，孩子为考试备战时，你不停地表达自己的高期待，不仅会让孩子分心，还会让孩子对考试产生深深的恐惧感。孩子很有可能因此发挥失常。

体育运动员在参加重要赛事前夕，大都不是神经紧绷的，他们会通过各种心理调适，使自己的身体和精神处于相对放松的状态，这样正式参赛时，才能表现出惊人的爆发力。同理，在孩子走上考场之前，父母应当暗示孩子："用平常心对待考试就好。""考试不过是为了检验你的学习成果而已，没什么大不了。"而不是告诫孩子："你必须得满分，必须获得令我满意的名次。"有时候父母适度降低自己的期望值，不用功利心干扰孩子，孩子反而能超常发挥。

告诉考砸的孩子：下一门将会考好

一门考试考砸了怎么办？还能静下心来完成其他科目的考试吗？后续的考试会不会因此受到影响？面对这些问题，成年人尚且不知所措，小孩子肯定更加慌乱。如果你的孩子可能遇到这类情况，你将如何为他做心理建设呢？

以大事化小、小事化无的态度淡化消极事件的影响，对于初战不利的孩子来说，效果十分有限。

陶渊明为往事追悔的时候，曾用"往者不可谏，来者犹可追"宽慰自己。简单来说，就是聚焦现在与未来，不再为无法挽回的事情浪费时间。这是成年人才有的理智思维。孩子通常不具备这种思维。这就需要父母的教诲和引导。孩子考砸一门功课的时候，父母不予置评，而是暗示孩子："下一门功课，你会考好的。"孩子的注意力便会转移到后续的考试上。生性乐观的孩子很容易做到这点。心思重的孩子可能还会为过去的失误纠结。这时，父母可以用"不要为打翻的牛奶哭泣"的说法努力说服孩子。

"不要为打翻的牛奶哭泣"是英国的一句谚语。纽约一所中学的老师，为了缓解学生的考后焦虑，在课堂上用一种形象的方式，为学生解读了这句谚语的含义。当时很多学生因考试成绩不理想而伤心不已。那名叫保罗的老师不动声色地把一瓶牛奶放在了桌子上。学生狐疑地打量着乳白色的牛奶，揣测着它的用途，脸上浮现出困惑的表情。显然，没有人知道老师的葫芦里究竟卖的是什么药。保罗什么也没说。过了一会儿，他猛地抬起巴掌，把那瓶牛奶打翻了，新鲜的奶汁汩汩地流入水槽，直至流干。学生不由得惊呼起来。保罗大声解释说："不要为打翻的牛奶哭泣！"说完，他让学生走向水槽观察流淌的牛奶，然后语重心长地劝诫道："我希望你们记住这个简单的道理。牛奶已经流光了。不管你多么悔恨，都无法挽回一滴。你们现在唯一能做的，就是把过去的事彻底忘记，然后竭尽全力做好下一件事。"学生听完，恍然大悟，所谓的考试后遗症顿时消失了。

告诉孩子"不要为打翻的牛奶哭泣""下一门功课将考得更好""做好接下来的事更重要"，孩子就会及时结束内耗，将时间和精力投放到下一轮的备考中。

未来就像开盲盒，有很大的不确定性。孩子可能害怕出现连战连败的结局，对未来的考试不抱任何信心。这时，父母要反复暗示孩子"明天会更好""接下来的考试，你一定考得比之前好"。只强调好的结局，而不是把或好或坏的开放式结局提前展示给孩子，对于一个初战失利、内心充满焦虑的孩子来说更管用。

告诉畏难的孩子：你难，别人也难

曾经，我以为我的某些感受和体验是独有的，别人永远无法感同身受。随着阅历的增加，我才发现，我经历的事情早已有万千人经历，我的情感体验与众多人生经历相似的人相比，并无独特之处。人与人的感受是共通的。比如，畏难的时候，自我怀疑的时候，大多数人的心境都惊人地相似。攀登过珠穆朗玛峰的人，会感叹山势陡峭。站在世界屋脊上，惊叹于造化的雄奇，人类必然会感到自身很渺小。也就是说，你感觉难办的事情，别人同样感觉棘手。你不必为此难堪，这没什么大不了。

孩子感觉考试的题目很难，大都觉得这只是自己一个人的感受。实际上，考题难度大，大部分孩子答题时都会感觉吃力。父母要告诫孩子，你感觉难的题目，别人同样也感觉难，你不会做的题目，别人同样做不出来。不必为了一两道超纲的难题懊恼。

有的父母不知出于什么心理，喜欢打击孩子。孩子抱怨考题难，他们总是不加思索地说："题目很难吗？只有你觉得难，其他人都觉得简单。你不应该反思吗？"这是不公平的。考题的难易，虽是主观感受，但也能从客观上反映一份试卷的出题水平。一般来说，基础题占据大部分，考官为了拉开学生的分数差距，会故意出几道高难度的题目。真正能解开这样题目的学生寥寥无几，大多数孩子对此一筹莫展，这是很正常的事情。

所有学生的分数与考题的难度均呈线性关系。也就是说，碰到超高难度的试卷，不仅中等生和学困生的分数会直线下降，尖子生的分数也会大幅度下降。换言之，中等生和学困生认为考题难，尖子生也有同感。

如今，科技发展日新月异，知识更新换代速度很快，中小学所学的知识广度、深度早已超出了我们的理解范围。

随着社会的发展，教育越来越内卷，考试的难度也随之大大增加了。孩子畏难的时候，父母不妨暗示孩子："你难，别人也难。"孩子接受了这一观点，心理负担会大大减轻，对考试的恐惧感也会随之减弱。

为孩子减压，正向激励可化压力为动力

有一个学习天赋很高的男生。他非常聪明，能轻而易举地解开运算复杂的难题，平时测验成绩优异。可是一到重要考试，他就发挥失常，连基础题目都要丢分。老师和同学都认为，他确实天资聪颖，可惜心理素质太差，承受不了考试的压力，发挥不了自身的优势。

学习不仅要拼天分和努力，还十分考验心理素质。连考试压力都承受不住的人，一般也很难克服学业上遇到的各种困难。

对莘莘学子来说，学习是一辈子的事情，除去毕业后的社会实践，单单在学校读书，都要经历一个漫长的过程，考试不过是闯关中设置的环节而已。应付不了一个个关卡，又如何顺利完成学业呢？老师和家长看到学生被压力压垮都很忧心。

父母恨铁不成钢，可能责怪孩子"矫情""没用"，这些负面暗示除了给孩子徒增烦恼和压力之外，基本毫无用处。孩子正处于学习困难时期，无法正视考试的压力时，父母不应以刺耳的言语刺激孩子。孩子感到万分无助的时候，需要的是安慰和鼓励，不是批评、指责和挑剔。很多家长反映，现在的孩子在温室和蜜罐中长大，经不得一点风吹雨打，自己实在看不过眼，看到孩子脆弱

的表现，根本没法做到柔声细语地说话。这种认知无疑是错误的。每个时代的人都有自己的烦恼。现在的孩子虽没有经受过物质上的艰难困苦，可是承受的精神压力远超过以往的任何时代。以前的学生虽要帮忙分担家事，却有大把的玩耍娱乐的时间，可以尽情地嬉戏打闹，课业相对没那么繁重。因此，父母要理解孩子，看到孩子被压力所困，要帮忙减压，而不是增压。

发现孩子在考试前无精打采，总是一副闷闷不乐的样子，父母要马上判断，是不是压力过大所致。发现孩子眉头紧锁，胡乱地撕纸丢纸团，或是莫名其妙地在作业本上乱涂乱画，没心思专心复习功课，父母应采取措施及时干预。不妨先对孩子说一些简单正向的暗示的话，比如"放松""不要紧"之类的。孩子烦躁不安时，父母可以指导他有意识地降低活动的频率，比如放慢走路的速度、放缓说话的语速、调整呼吸的节奏等。

听到孩子因为压力大不断否定自己，口中喃喃自语"我不够优秀""我没办法做到"时，父母可以这样暗示孩子："压力只是一只纸老虎，你一定可以战胜它。"人面临压力时，就像正被一只贪婪强大的老虎慢慢吞噬，感觉毫无招架之力。父母告诉孩子："它不过是一只不堪一击的纸老虎而已，没什么可怕的。"孩子接受了这种说法，便会燃起战斗的意志，把压力转化为动力。

要让孩子专心学习，就不能以排名去评判

我们习惯于用分数和排名衡量孩子的智力和学习成果。一般来说，成绩名列前茅的孩子，在人们眼中，是优秀、有前途的天之骄子。成绩一般的孩子，即便平时古灵精怪，看起来聪明伶俐，也会被打上"没天赋""头脑不灵光"的标签。成绩不理想的孩子境况更不理想，可能会被视为不可雕琢的朽木，扶不上墙的烂泥。

通常情况下，学困生和中等生都不喜欢考试，且不同程度地存在学习困难。归根结底，这是因为家长和学校推崇"分数决定论"，无形中给他们造成了巨大压力。每次发下试卷，老师和家长都会通过眼神、语言和动作暗示他们"你们输了""你们是失败者""你们不优秀"。父母尤其如此，失望疲惫的眼神，唉声叹气的样子，随口说出的伤人的话语，无时无刻不在暗示孩子："你不够好""你应该感到惭愧"。不断被周围的大人暗示"你不可救药"，孩子就会诚惶诚恐，继而对学校产生畏惧和排斥的心理。这是孩子对学习深恶痛绝，且一直无法长进的根源。

当今时代，虽然学校和家长越来越重视素质教育，也花了不少心思培养孩子的兴趣爱好和特长，但分数一直是衡量孩子优秀与否的重要指标。假如一个孩子多才多艺，但分数不理想，那么他大概率不会被视为同龄人的范本。相反，一个孩子成绩非常优异，哪怕只是略有才艺，他的其他优点也会被无限放大，不仅同学羡慕认可他，父母和学校也会以他为荣。

举个简单的例子，一个孩子在绘画比赛或书法比赛中获奖，只会让父母高兴一时，但是考上重点中学，给父母带来的心理安慰则超过任何奖状。这是因为在一些家长眼里，分数与学业有成是直接挂钩的。漂亮的成绩单、数一数二的学校资源，是优秀孩子的"标配"，得不到这些，就意味着与优质教育无缘。故而，父母总是暗示孩子，成绩是最重要的，其他优势可以忽略不计。可现实却是，学习能力比成绩更为重要。

孩子在不同的求学时期，表现各不相同。父母不能只盯着成绩看，更不能以某个学习阶段的分数和排名，对孩子的综合能力进行"裁决"。因为相比于死板的分数，无法精准量化的学习能力，更值得父母去评估和研究。一个孩子长大后是否有出息，并不取决于试卷上的某个分数，而是取决于他的才能、潜力和综合素养。

德国数学家希尔伯特小时候呆头呆脑,不仅反应慢,语言能力也不如其他孩子,每次考试都有好几门功课不及格。他唯一擅长的科目是数学。后来班上转来三名数学成绩一流的学生,他唯一的优势也不存在了。就在他倍感失落的时候,母亲告诉他:"学习不是为了比赛,而是为了掌握知识。""如果每天学习都有所收获,就不用管别人怎么说。"希尔伯特茅塞顿开,从此不再为成绩而苦恼,以后的岁月里他一门心思求知,长大后终于如愿成为一名卓越的数学家。

"学习不是为了比赛,而是为了掌握知识。"这是父母给予孩子的最恰当的暗示。如果你想让你的孩子心无旁骛地学习,那么不妨试试这条暗示语。它可能具有化腐朽为神奇的功效。

第三章

讨厌学习的孩子也可能爱上学习

——激发孩子学习兴趣的暗示法

客观来说,刻板僵化的学习生活是非常枯燥无聊的,完全不符合孩子的喜好,所以孩子产生严重的厌学情绪,是可以理解的。问题在于,在知识大爆炸的时代,拒绝掌握科学文化知识,是无法在激烈的竞争中立足和发展的。作为家长,要想办法激发孩子的学习兴趣,使孩子发自内心地热爱学习,在学习中不断克服成长中的障碍。

暗示的力量：唤醒孩子的内驱力

培养孩子的学习兴趣，引导孩子像科学家一样思考

成年人喜欢告诫孩子："业精于勤荒于嬉""玩物丧志"。但是，从儿童心理的角度来看，爱玩是孩子的天性，游戏是儿童的正当权利，一点都不贪玩，愿意从早到晚不间断地学习，反而是不正常的。

孩子爱玩，是因为游戏之于他们，有着近乎天然的吸引力。孩子讨厌学习，很大程度上是因为学习不像游戏那么有趣。从感性上来说，学习是枯燥乏味的。学生抱着课本埋头苦读的时候，就像在被强迫着服苦役，感觉倦怠至极，根本体验不到一丝一毫的愉悦。

父母苦口婆心地教导孩子，要求孩子摒弃游戏和生活享乐，一门心思学习，并反复强调学习的种种好处。孩子却不为所动。这是为什么呢？因为游戏能带来即时的快乐体验，而学习不能。所以，只有让学习变得有趣，才能让孩子真心爱上学习。

其实，学生对学习的体验，与成年人对工作的体验完全是相通的。工作对很多成年人来说，是简单的重复劳动，数十年如一日地做同样的事情，热情和耐心容易被耗尽。而学校填鸭式的教学模式，把学习变成了比工作更程序化、更无聊的事情，学生讨厌学习，就成了毫无悬念的事。死记硬背的东西，冰冷的数字、公式，繁多的常识，都是枯燥的东西，学生怎么可能喜欢它们呢？

学生厌学，学校负有首要责任。问题在于，教育环境很难在短时间内发生改变。父母如果能引导孩子怀着探索发现的好奇心去学习，那么孩子对学习的态度就可能发生180度大转弯。"学习也可以很有趣。""每门功课都有它的神奇之处。""只要你有一双发现的眼睛，处处都是惊喜。"父母暗示孩子学习充满趣味性的同时，还要运用科学的方法引导孩子自主学习。

第三章 讨厌学习的孩子也可能爱上学习

> 老师为了让学生弄清圆锥和圆柱的关系,了解圆锥体公式的推导过程,利用了一个新奇的道具——土豆。她把土豆切成了若干相连的小块,然后像玩变形金刚一样组装模块,巧妙地拼凑出了圆锥的形状。班上所有的学生都被这个神奇的魔法所吸引,不仅理解了圆锥体公式的由来,还不知不觉记住了整个公式。有些老师习惯在黑板上列出公式,然后让学生死记硬背,教学效果当然不能与之相提并论。
>
> 学习自然科学的时候,老师给所有学生布置了一个任务,要求大家亲自播种一种植物,每天记录植物的生长变化。有个学生种了五颗豆子。看着豆子在他的精心浇灌下慢慢破土而出,长出翠绿的嫩芽,他的兴奋之情,堪比科学家在太空培育出第一棵新鲜蔬菜。等到豆子结满金色的豆荚,整个植株由绿转黄,他不禁思绪万千,似乎在一瞬间理解了万物生长、草木枯荣的道理,对自然界中各种司空见惯的现象,也产生了强烈的好奇心。

引导孩子像科学家一样思考,是激发孩子学习兴趣的关键。孩子本身具备好奇心、想象力、探索欲和创造力,这些优秀的特质,本不该被僵化的教育体制扼杀。父母启发孩子提出问题、大胆假设,通过实验验证某些理论和观点,不仅可以将无趣的学习过程变得妙趣横生,还能在一定程度上培养孩子的科学精神。

"你可以像数学家那样思考公式。""你可以像植物学家那样研究植物。""你可以像科学家那样探索自然界中的奥秘。"父母这样暗示孩子,并引导孩子用更新颖的方法学习新知识,有助于孩子产生求知欲。不爱学习的孩子也有可能因此培养出学习兴趣。

暗示的力量：唤醒孩子的内驱力

当孩子心中有疑问时，鼓励孩子探索和试错

儿童最大的特点，莫过于喜欢问为什么。天空为什么是蔚蓝色的？白云为什么是洁白的？下雨之前为什么先打雷？诸如此类的问题层出不穷，似乎每个孩子的脑袋里都装了一本《十万个为什么》。然而这些问题在有些父母眼里，是十分幼稚的。孩子连珠炮似的提问题时，他们会不耐烦，结果要么敷衍，要么责怪孩子："你哪儿那么多问题？""别总想些没用的。"孩子受到暗示，可能会乖乖闭嘴，也可能彻底失去求知欲和探索欲。

父母无论什么时候，都不应当暗示孩子，问问题是不好的。在孩子的视野里，大千世界五彩缤纷，无处不神秘，无处不神奇，太多的问题等着他求索。他爱问看似不着边际的问题，其实是求知欲旺盛的表现。因此，父母应当鼓励孩子发问，而不是严厉禁止。

> 一个孩子用童稚清脆的声音问："白云平时是白色的，下雨时为什么突然变成黑色的了？"他的爸爸想了想，简单地回答说："下雨时，白云会变成乌云，乌云是黑色的。"孩子听了似懂非懂，但是感觉很满意。因为大人既没有拒绝回答，也没有表示不耐烦。
>
> 一位父亲教女儿唱《送别》，刚唱完第一句"长亭外，古道边"，女儿就眨巴着眼睛问："古道是什么呀？"她的爸爸认真地回答说："古道就是古老的道路。"女儿心中的疑惑解开了，高高兴兴地继续唱歌，歌声更加嘹亮动听。

第三章 讨厌学习的孩子也可能爱上学习

在现实生活中，父母既要工作，又要为孩子的学习和生活操心，可能感到分身乏术，所以当孩子一脸天真地提出各种问题时，父母的第一反应可能是："你怎么这么多问题，没看见我正忙着吗？一边玩去。"这种表达方式无疑是在暗示孩子："我对你的问题不感兴趣。""没事别烦我。""我不想跟你交流。"这种亲子互动方式无疑是错误的。

想让孩子对学习感兴趣，却不鼓励他发问和探索，是不对的。父母作为孩子的精神导师，理应引导孩子以更积极的方式认识世界。当孩子发现有趣的事物或现象，想弄清其中的原理时，父母不但要认真解答，还要鼓励孩子带着问题去探索。也许你会问，孩子提的问题五花八门、稀奇古怪，与课本里的知识一点关联性都没有，我为什么要在那些问题上浪费时间？这么想就太狭隘了。孩子的问题可能涵盖自然科学、文史、物理、化学等内容，即使现在的课本不涉及，到了初中或高中阶段，也会有所涉及，让他早点接触这些东西，使之萌发出兴趣，对于未来的学习肯定是有益的。

父母应当暗示孩子："心中有疑问是好事。""爱问问题，爱思考，是一个好习惯。""世上有更多有趣的现象等着你探索。""在探索过程中，出现错误也不要紧，敢于大胆尝试才能找到自己想要的答案。"发现孩子有拆装家用电器的喜好，千万别阻止。可以考虑到旧货市场多购买一些二手电器，专门供孩子研究，这样即便孩子不能使各零部件回归原位，也没什么大不了。毕竟试错的成本和代价并不高昂。

激发孩子的好胜心，布置具有挑战性的任务

从人的天性上讲，唾手可得的东西最没吸引力，毫不费力就能实现的目标，往往不能激发人的斗志和兴趣。孩子对待学习的态度也是如此。学的内容太过

简单，课外作业没有含金量，即便完成得很顺利，也不会产生成就感。

有的父母在布置课外学习任务时，倾向于选择难度较低的习题，或是重复课堂学过的内容，觉得这么做可以帮助孩子进一步巩固基础知识。然而孩子并不乐意配合。原因很简单，孩子不想重复已经学会的东西。父母布置的课外作业缺乏挑战性，或是太过小儿科，孩子会觉得自己被小看了，通常情况下是不愿意接受的。在一些孩子眼里，父母故意出一些低难度的题目，无疑是在暗示他："你只能做这种类型的习题，稍微提升一点难度，你就吃不消了。""你的学习能力和学习水平，不足以挑战更难的学习任务。"这些暗示会触发孩子的抗拒心理，进而加剧孩子的厌学情绪。

事实上，父母对孩子的智力、分析理解能力的评估，常常是有偏差的。很多父母认为孩子看不懂大部头的书籍。事实上，大部分孩子都能读懂百科全书，对基础常识、至理名言都有自己独到的理解。对待同一个问题，每个孩子都有自己的思考角度，会有无数种合理解释，其中不乏创新思维。因此，千万不要小瞧一个孩子的智慧。

给孩子布置阅读任务时，首先要考虑孩子的兴趣，别自以为是地选择低幼读物。当孩子选择大部头的书籍，或是略微深奥的读物时，父母千万别暗示孩子说："这不是你这个年龄阶段应该阅读的。""这种书你看不懂。"而要用鼓励的口吻说："你可以读读看。""只要你感兴趣，就可以尝试着阅读。"孩子遇到不懂的地方，可以指导他借助字典、词典之类的学习工具解决问题，不必刻意降低阅读难度。

对大多数人而言，跳一跳恰好够得着的目标最具诱惑力。倘若孩子对触手可及的东西不感兴趣，可以考虑为他设定跳一跳才能够得着的学习目标。略有技术含量的目标，可以激发他的挑战欲和好胜心，对于培养学习兴趣，有明显的好处。

需要注意的是，布置的学习任务和学习目标难度要恰到好处。难度系数太高的目标或任务，不仅起不到激励作用，反而会促使孩子产生畏难心理。这样的学习规划有百害而无一利。无论如何，父母布置学习任务时，难度要与孩子的学习能力和学习水平相适应，超出孩子的能力范围过多，同样是不可取的。

当孩子勇于挑战自己时，父母应给予充分的肯定，不管挑战的结果如何，都应鼓励孩子勇于突破自己。父母可以暗示孩子"学无止境""挑战一个个小目标，不断提升自己，精进自己，是一件充满乐趣的事"。孩子若能接受这种说法，学习态度可能会发生根本性转变。

当辅导孩子学习时，启发兴趣是第一位的

"不写作业母慈子孝，一写作业鸡飞狗跳"是许多家长辅导功课时的真实写照。孩子做作业，父母化身为监工，恨不能挥舞着鞭子赶着孩子前进。虽然知道"强扭的瓜不甜"，逼迫孩子学习不是长久之计，但看着孩子对待功课漫不经心，父母很难做到不动怒。问题在于，督促、指责、发怒，并不能改变什么。孩子打心里抵触学习，就会我行我素，父母无论怎么施压，都不可能让孩子真正爱上学习。

父母暗示："学习是成功的捷径。""光阴宝贵。"对于极度厌恶学习的孩子来说，几乎是没有任何意义的。像例行公事那样一遍又一遍催促"快写作业""赶快学习"，对于反感课业的孩子而言，就像听到唐僧念经一样，除了心烦之外，再无其他感受。所以，从客观角度来说，兴趣不是逼迫出来的，而是培养和激发出来的。孩子对学习毫无兴趣，你就算给他念紧箍咒，也不能使他服服帖帖、老老实实地做功课。唯有让孩子爱上学习，一切的问题才能迎刃而解。

> 有个孩子从小不爱学习，每天写作业的时候都发愁。为了缓解无聊的感觉，他一会儿喝水，一会儿吃东西，一会儿上厕所，还不时插科打诨转移话题，因为严重分心，作业做得一塌糊涂。好几次，题目都抄错了，解题的过程更是错上加错。由于字迹太过潦草，自己也无法辨认，本来会做的题也都演算错了。遇到这种情况，有的家长恐怕早气得破口大骂。他的母亲却没有这么做。她知道孩子之所以有这样的表现，完全是学习兴趣不足导致的。谩骂和催促，并不能从根本上解决问题。

作为家长，怎么做才能让孩子规规矩矩地坐到课桌前认真学习呢？答案是，让孩子充分体会到学习的乐趣。比如背诵或默写古诗，对很多孩子来说，是一件挺没意思的事情。父母可以以古诗的创作背景和诗人的人生际遇为主题，给孩子讲述一个个生动有趣的小故事，使孩子对古诗产生浓厚的兴趣。等孩子喜欢上了古诗，再要求孩子背诵或默写。孩子完成了相应的功课，父母可以这样问："感觉怎么样？觉得这首诗有意思吗？背完这首诗，你是不是觉得很有收获，心里感到高兴呢？"

每完成一次趣味性教学，父母暗示一次："学习也可以很有意思。""学习会让你有收获。""学习也能带给你快乐的感觉。"通过诸如此类的引导，让孩子感受学习的乐趣，然后使孩子在兴趣的引领下自主学习，相信一定会起到事半功倍的效果。

在辅导功课、督促孩子学习的过程中，父母犯下的最大错误就是，反复暗示孩子必须吃学习的苦，将来才能过上相对理想的生活。"学海无涯苦作舟""没有痛苦，就没有收获"这类暗示对孩子来说适得其反。暗示"学习是有趣的""学习可以让你快乐""学习使你心灵丰盈",孩子才有可能转变思路,尝试着发掘学习的乐趣和意义。

在朝着大目标努力时,先用小目标激发内驱力

俗话说:"万事开头难。"想让一个不爱学习的孩子暂停一切游戏,回到课桌前老老实实啃课本,简直难于上青天。尽管父母有自己的一套管教方法,对孩子的未来有长远规划,但孩子不认同,目标便无法实现。

通常来说,宏大的目标总是让人望而却步,而遥不可及的长远规划,犹如解不了近渴的远水,根本起不到振奋人心的作用。因此,父母设定学习目标,孩子有一万个理由不接受。使目标可视可感,变得如同棉花糖那样具有吸引力,是父母需要花时间考虑的事情。

"聚沙成塔""集腋成裘"是父母鞭策孩子学习时常用的暗示语。父母都明白"不积跬步,无以至千里""不积小流,无以成江海"的道理,但在具体的实践中,盲目追求质变,往往忽略了量变的积累。制定的学习目标有时候非常不切合实际,比如,希望一个连遣词造句都有困难的孩子写出绝佳的作文,或是试图让一个语感极弱的孩子短期之内熟练掌握一门外语。实施学习计划时,又总是用"应该""必须"之类的暗示语,强迫孩子遵照自己的意志行事。结果可想而知,肯定适得其反。

成绩的提高,离不开终极目标。然而,终极目标只是指引方向的愿景,在目标实施的每个阶段,制定一个个易于实现的小目标,才能激发一个人的内在驱动力。

暗示的力量：唤醒孩子的内驱力

> 日本著名马拉松运动员山本田一曾两次夺得世界马拉松大赛的冠军。记者追问取胜的秘诀时，他总是笑着回答说："凭智慧战胜对手。"人们不得其解。因为大家都知道，马拉松比赛拼的是耐力，而不是爆发力，谁在体能方面占据优势，且能凭借坚忍不拔的毅力坚持到最后，谁就能获得胜利。这个过程比的是身体素质和心理素质，与头脑、智慧几乎毫无关联。因此，人们有足够的理由不相信山本田一的说辞。直到十年以后，山本田一在自传中做出了解释，谜团才得以解开。原来每次比赛之前，他都要事先熟悉路线。行进中，他边走边观察，将沿途的某家银行、奇形怪状的大树和醒目的楼宇，全部铭记于心。这些标志物把40多千米的路程分割成了一个个短途。正式比赛时，他以百米冲刺的速度冲向第一个目标，随后冲向第二个、第三个目标，最终轻轻松松跑完了全程。其他选手刚跑完十几千米就精疲力竭了，尽管不甘心，却不得不半途而废。

如果把学习比作马拉松比赛，最好不要想着怎么促使孩子跑向终点，而要试着把大目标分割成多个容易实现的小目标，比如每天早起五分钟，背两三个单词，阅读一篇短小精悍的文章。这些易于完成的小目标，可以激发孩子的学习动力，促使他迈出关键性的第一步。

"每天多学五分钟，也可以学到很多东西。""记住两三个单词是很容易的。""每天读篇小短文，以后你就会写作文了。"父母这样暗示孩子，比唠唠叨叨逼迫孩子学习，效果要明显得多。

针对孩子的兴趣，为孩子打造趣味学习空间

人是基因和环境的产物，无时无刻不受到环境暗示的影响。比如，昏黄的灯光使人昏昏欲睡，庄重的氛围令人肃然起敬。相应地，若要让孩子对学习产生兴趣，必须花点心思为他打造趣味学习空间。

客观来说，大多数学校提供的学习空间都是缺少特色的。教学楼整齐划一，教室摆设单调，除了日常教具，学生看不到任何新奇的东西。回到家里，书房又堪称是教室的翻版，孩子置身其中，唯有跟书本和桌椅做伴，一定觉得无趣得很。那么，究竟什么样的环境才能令孩子感到新奇呢？

> 我入读高中的时候，学校的教学楼已是十分陈旧，老旧的楼宇在夕阳余晖的映照下，焕发出那个年代特有的沧桑感和历史凝重感，居然也有一种独特韵味。这种特殊的环境，使我对人文历史产生了浓厚的兴趣。值得欣慰的是，学校的建筑虽然破旧，配套设施却很现代，化学实验和物理实验所需的仪器应有尽有。每次做实验时，老师都要郑重其事地穿上雪白的工作服，仪式感之强，堪比盛装出席音乐会。在这种肃穆氛围的影响下，学生们对课堂所学的东西不敢有一丝怠慢。为了防止学生产生倦怠情绪，同排的学生每个星期要调换一次座位。有时我靠左临窗而坐，有时坐到黑板正前方，有时移到右边。座位的变化，使我有了开阔的视野，倦怠的情绪也随之有所缓解。

家居环境不同于学校环境，主人可以通过个人喜好重新设置。如果你想让

你的孩子爱上各门学科，不妨从不同学科的特点出发，添加一些装饰元素，使孩子潜移默化地接受。比如在书桌上摆上地球仪，墙面上悬挂中国地图和世界地图，激发孩子对地理的学习兴趣；配置科学工具箱和各种富有科技感的装饰物，激发孩子对科学的探索兴趣；在客厅设置阅读角，书架上摆放各类趣味性书籍，激发孩子的阅读兴趣；沙发上的抱枕绣上动植物的图案，激发孩子对自然万物的兴趣；还可以为孩子提供款式多样的手撕立体时光日历，这种日历不仅是时间的记录工具，还蕴含着惊喜。随着时光的流逝，日历渐渐变薄，模型的形状逐渐浮现，它可能是各类天体、各种建筑，也可能是其他有趣的事物。心灵手巧的父母可以亲自为孩子制作几款类似的日历，把历史场景、历史人物、天文物理等元素囊括其中，使孩子在寓教于乐中掌握相关知识。

如果孩子记不住所学的基础知识，父母可以考虑使用拼图或卡片等道具，帮助他巩固记忆。对于任何一个孩子来说，死记硬背的过程都是无聊的。利用精美的图片，给予孩子视觉上的刺激，效果肯定比填鸭式教育要好。

在激励孩子时，千万不要拿他和别人家孩子比较

相信很多人小时候都羡慕过别人家的孩子。因为在父母嘴里，别人家的孩子是"优秀"的代名词。

"看看别人家的孩子多么努力。""看看别人家的孩子多让大人省心。"父母数落自家孩子的时候，总不忘搬出别人家的孩子来说教，以为这样自家孩子就会以优秀的孩子为榜样，自觉调整自己的行为。但事实完全相反。当你不断暗示自家孩子，他比不上别人家孩子的时候，你的孩子就可能无心向学了。

拿别人家的孩子和自家孩子作比较，一捧一贬，对自家孩子来说，是一种严厉的谴责。从儿童的视角来解读，其背后的潜台词是"你为什么比不上别人

家的孩子？我对你感到失望。""如果那个孩子是我的孩子就好了，可惜不是。"此类表达方式代表的是不认可、不喜欢，是对一个孩子最大的否定。

一些家长不明白父母与子女互为镜子，子女的毛病和弱点，通常与家长一脉相承，孩子身上存在的问题，家长身上也有。很多成年人上学时不爱学习，成绩处于中下游，甚至在班上排名倒数，可一旦升级为父母，认知便发生了改变，理所当然地认为，作为学生，必须好好学习，必须考出好成绩，否则就辜负了家长的一片期望。这多少有点不可理喻。

期望自家孩子更优秀，有错吗？没错。希望孩子好好学习，成为一个有知识有文化的人，有错吗？也没错。问题在于，追捧别人家的孩子，嫌弃自家的孩子，并不能达到预期的目的。盲目攀比是毫无意义的。不妨换个角度看，如果你的子女以别人家的父母为参照物，反衬你的失败和无能，你的感受如何？假如，他一脸憧憬地说："别人家的父母很成功，他们住在大房子里，过着光鲜亮丽的生活。我真羡慕他们家的孩子。"你将作何反应？

孔老夫子说："己所不欲，勿施于人。"既然谁都不喜欢在比较中被鄙视，那么就应当马上停止这种伤害性行为。你可以暗示孩子："我希望你好好学习。""兴趣是可以培养的。你可以试试看。"但是，请不要再用别人家的孩子做筹码了。

孩子何时最爱学习——充分休息之后

家长期待孩子长时间高效学习，这种想法是不切实际的。因为长时间做同一件事情，必然会导致疲惫和低效，倘若兴趣不足，相应的活动便难以持续。学习也是如此。动力不足，兴味索然，却还被要求延长时间坚持学习，孩子的内心肯定十分抗拒，偷懒磨洋工的现象就在所难免。

事实证明，无论做什么事情，劳逸结合才能激发兴趣、提高效率。美国一家名为《细胞通讯》的杂志指出，人在完全清醒的状态下放松休息，代表学习行为序列的神经网络会被反复激活，大脑的转速将提升至平时的20倍。在这种情形下，记忆更容易得到固化和强化。也就是说，学习某项新技能时，如果将相关练习穿插在休息间隙中，那么记忆更容易被巩固和加强。此类现象被称为"间隔效应"。

> NBA球员非常擅长利用间隔效应强化自身的专业技能。中场休息时，教练会在更衣室里对球员进行技术指导和策略讲解。到了自由活动时间，球员们仍没有放弃学习。他们或看书学习体育知识，或通过电视回看自己打过的比赛，一边寻找对手的战术漏洞，一边研究教练教授给自己的战略打法。由于处在充分放松的状态下，球员们的大脑是高速运转的，记忆力和学习能力都得到了提升，所以学习效率非常高。

现在孩子厌学，学习效率低下，很大程度上是因为休息时间不足。很多父母为了促使孩子学习，周末将零食、玩具、课外书统统没收，只允许孩子接触课本和文具。结果可想而知，孩子心猿意马，什么也学不进去，整整一天的时间都被浪费掉了。

父母暗示："你必须把每一分钟都投放到学习上。""休息等于偷懒。"孩子尚未进入学习状态，精神上就已经产生了疲惫之感，也就根本不可能用心对待功课了。毕竟对于一个不爱学习的孩子来说，学习相当于服苦役，听到自己要持续服役不得休息，无异于遭受晴天霹雳，哪里还会有学习的兴致？

给予孩子充分休息的时间，并反复暗示："学习应当劳逸结合。""休息有利于大脑重启。""利用休息间隙学点东西，记忆更深刻"。孩子普遍乐于接受。在孩子打完球或是刚结束一场游戏后，试着给他安排一些学习任务，比如阅读、背诵课文、记单词等，他很快会进入学习状态，收到的效果将大大超出你的预料。

孩子什么时候最爱学习，并且学得最快呢？答案是玩够的时候和休息够的时候。

第四章

无规矩不成方圆，培养好习惯须从小抓起

——培养孩子规则意识的暗示法

哲学家亚里士多德说："播种一种行为，收获一种习惯；播种一种习惯，收获一种品格；播种一种品格，收获一种命运。"一个人的行为模式和生活习惯，在一定程度上决定了他的命运走向。而行为和习惯都是逐渐养成的，小时候没有规则意识，长大后便会面临积习难改的困境。因此，父母要在孩子尚未定型的时候，运用科学的暗示法，塑造他的良好品格和行为习惯。

暗示的力量：唤醒孩子的内驱力

为孩子立规矩，言传身教是最好的示范教育

《广而告之》栏目曾发布过这样一则公益性广告：老师发现学生"出口成脏"，忧心忡忡地来到学生家里做家访。一阵寒暄过后，与家长的谈话开始进入正题。学生的父亲听说儿子在班上辱骂同学，不禁火冒三丈，简单批评了两三句之后，忍不住叫骂起来："小兔崽子，这他妈跟谁学的？"他一点都没有意识到自己的失态，破口大骂之后仍是一副义正词严的样子。老师被那句随口说出的脏话震慑住了，脸上露出错愕的表情。紧接着，屏幕上浮现出一行刺眼的大字："原来是他！"谜底揭晓了，孩子说脏话，家长才是罪魁祸首。

这则广告旨在告诉家长，言传身教是最好的示范教育。父母的言行举止和行为习惯，对孩子的成长有重大影响。身为家长，不能给孩子树立榜样，孩子就会养成各种不好的习惯，甚至沾染种种劣习。许多父母意识不到，孩子养成不良习惯，积习难改，根源在家长身上。

儿童天生喜欢观察和模仿大人。大人行为不端，无疑会给孩子带来消极的暗示。例如，家长有随地吐痰、随手丢垃圾的习惯，平时随意污染公共环境却态度坦然，这相当于暗示孩子："在公共场合吐痰、乱扔垃圾是被允许的。"孩子有样学样，大概率会复制同样的行为。又如，大人讲话不文明，张口闭口说脏话，骂完人呈现出一副扬扬得意的神态，这相当于暗示孩子："骂人是一件了不起的事。说脏话很酷。"孩子受到影响，必然会以说脏话为荣。

父母都想把孩子培养成有爱心有教养、讲文明懂礼貌的好孩子。然而，规范孩子行为，给孩子立规矩的前提是，自己要首先做到。家庭教育的首要原则是"正人先正己"。其他教育也是如此。教育者唯有率先垂范，才能引导孩子做出符合道德和社会规范的行为。

> 圣雄甘地自己吃糖的时候,从不规劝小孩戒掉糖果。有位母亲千里迢迢慕名而来,恳求甘地劝说自己的孩子改掉嘴馋的毛病。看着因为吃糖上瘾牙齿坏掉的小孩,甘地什么也没说,只是嘱咐母亲下个星期再来。一个星期之后,母亲带着儿子登门拜访。甘地要求他们再等一个星期,母子悻悻离去。过了七天,甘地终于开口劝孩子:"不要再吃糖了,好好听母亲的话。"孩子点了点头,随手扔掉了糖果。母亲感到很奇怪:"我们第一次来的时候,你为什么不说同样的话?"甘地解释说:"那时我也爱吃糖啊。本以为一个星期可以戒掉糖果,没想到花了两个星期的时间才做到。我自己做不到的事情,如何要求你的孩子做到呢?"

自己做不到的事情,是不能苛求孩子的。父母教导孩子的时候,一定要注意自己在日常生活中的表现。身为养育者,在为孩子制订行为准则时,必须先保证家里的大人所有的行为模式符合你制订的行为规范和行为准则。

培养良好习惯,启动条件反射训练

俄国科学家巴甫洛夫曾经做过一个轰动全球的著名实验:他故意在提供食物之前使劲摇晃铃铛,用铃声反复刺激小狗。经过一段时间的训练,小狗把食物和铃声的信息紧紧联系到了一起,每次听到铃声,嘴里就会分泌唾液,即使不能马上得到食物,也会做出同样的反应。这种现象被称为条件反射。

条件反射是怎么奏效的呢?其实这种现象可以用脑科学来解释,也可以归

暗示的力量：唤醒孩子的内驱力

结为心理暗示作用。巴甫洛夫摇铃之后，给小狗提供食物。这种行为相当于暗示小狗：听到铃声，就能吃到香喷喷的食物。小狗得到信号，馋得口水直流，相同的刺激反复多次之后，已习惯的反应便会固化下来。用同样的原理，==设计暗示，启动条件反射的"触发器"，可以训练孩子养成良好的习惯==。比如，想要培养孩子早起刷牙的习惯，可以设定一个早晨6点的闹钟，播放《快乐刷牙歌》，使孩子将闹钟铃声和刷牙行为紧密联系起来。孩子反复受到刺激和暗示，会不知不觉地养成按时刷牙的习惯。相应地，如果想让孩子养成早睡的好习惯，可以设定一个晚上9点的闹钟，播放一段催眠曲，使孩子按时上床睡觉。

理论上说，坚持21天就可以培养一个新习惯。但对一个没有常性的孩子来说，培养惯常行为不像想象中那样简单。很多小孩子晚上迟迟不肯入睡，早上没精神，无论大人怎么催促，都不愿起床。即使被迫建立起了早睡早起的习惯，培养成的条件反射逐渐减弱之后，自动化反应就会消失。巴甫洛夫的实验可以解释这一现象。听到铃声分泌唾液的狗，如果在此后的一段时间里没有被及时喂食，以后就对铃声免疫了。同理，刺激信号没有被反复强化，孩子的自动化反应也会随之消退。

举个简单的例子，父母为培养孩子养成早睡的习惯，将催眠曲—床—睡眠的信号牢牢捆绑到了一起，孩子听到催眠曲，产生条件反射，立马上床睡觉。可是有一天，他躺在床上玩起了手机，越玩越兴奋，直到深夜才入眠。以往的条件反射被破坏了，"触发器"就再也不灵验了。碰到这种情况，父母该怎么办呢？

首先，要杜绝一切与睡眠不相关的刺激。比如要避免玩手机、吃零食等。孩子临睡前，手机、零食、玩具等一律没收。床上最好什么干扰睡眠的东西都不要摆放。这样，孩子躺在床上没有干扰，在安静温馨的环境下，相对更容易进入睡眠。其次，可以尝试着设置一系列与睡眠有关的程序。比如洗漱—换睡衣—听催眠曲—睡觉。孩子如果听腻了催眠曲，可以把相关程序改换成讲睡前故事。等孩子习惯了这一套程序，大脑就像被装上了睡眠开关一样，到时间就会入睡，完全不用大人操心。

克服不良习惯，让暗示信息显而易见

以前，我有丢三落四的毛病，还有一些克服不了的坏习惯。为了防止一次次重蹈覆辙，我想了很多办法。其中最为有效的方法是，在书签上写上暗示语提醒自己。这样，每当翻书的时候，不经意地看到书签上的文字，大脑会立刻警醒，犯错之前先按下了"停止键"，坏习惯便一点一点戒除了。除此之外，还有一种简单实用的方法，就是把暗示语写在胳膊或手背上，随眼一瞥，也能达到相同的效果。

总之，让暗示信息显而易见，是纠正不良行为、克服不良习惯最管用的办法。父母给孩子立规矩时，倾向于耳提面命。这种方法对忘性大的孩子作用有限，对逆反心理严重的孩子根本不管用。加重语气暗示，或是拿出正襟危坐的架势暗示，哪些事情应该做，哪些事情绝对不能做，哪些坏习惯必须改掉，未必能改变孩子。如果孩子已经习惯了旧有的行为模式，肯定会在惯性的作用下重复过去的行为，只有及时投射信号，阻断相关行为，形势才有可能发生逆转。这就好比，你开车按照固定的方向前进，前方若无标识提醒，你不会改变行进的方向。前面设置了路障，竖起了"正在施工"的标语，你才会绕道而行。因此，暗示语必须在目光可及的地方，而且必须出现得足够及时，否则基本上起不到纠正不良行为的作用。

举个简单的例子，假如你想纠正孩子剧烈运动后迅速喝冷饮的不良习惯，反复唠叨这么做的严重后果以及对身体可能产生的危害，孩子仍有一定的概率记不住。你的孩子酣畅淋漓地打完球，浑身燥热，迫切需要喝一杯冷饮降温。

他可能会从冰箱里取出冰镇饮料，痛痛快快地一饮而尽，当时根本来不及思考，早把你的叮嘱忘得一干二净了。这种情况该怎么办？你可以事先在冰箱的显眼位置贴上暗示语，暗示孩子"运动后喝冷饮有害健康"。旁边配以人体各器官受损的图片，通过直观的视觉刺激，迫使孩子自觉纠正不良习惯。

又比如，你的孩子习惯吃烫食，完全无视滚烫的食物对口腔、食道的损害。可以考虑在餐具上贴上带有提醒功能的便利贴，并配以形象的图片说明和大大的惊叹号，以图文并茂的方式向孩子传授科普知识。孩子频繁地接触暗示信息，观念必然受到影响，一些毛病自然而然就改掉了。再比如，你的孩子不爱刷牙。可以在卫生间的瓷砖上多贴几幅蛀牙的图片，图片要有触目惊心的效果，但不必太惊悚，最重要的是，让孩子看过之后，改变认知，愿意自觉地保护牙齿。总之，暗示信息最好分布在一些容易被发现的地方，直觉上要有足够的冲击力，内容要浅显易懂，给人一目了然之感，这样才能发挥出应有的作用。

要坚持新习惯，可将其串联到其他习惯中

开学第一天，古希腊哲学家苏格拉底面对求知若渴的学生，没有传授任何学问和哲理，而是平静地宣布："从现在开始，你们只学一件最简单的事情。每天把胳膊用力向前甩，然后再用差不多的力度向后甩。"他边说边做示范动作："像这样，每天重复300次。大家能做到吗？"

学生听完，忍不住嬉笑起来。这有什么难的，每天甩手而已。每个人都这么想，且都自以为是地觉得老师布置的学习任务很好笑。过

> 了一个月，苏格拉底检验学习成果："每天坚持甩手300下的同学，请举手。"当时90%的学生举起了手。又过了一个月，坚持甩手的学生只剩八成。一年过后，整个教室里只有柏拉图一人还在坚持。然而，这个几乎全军覆没的场面，苏格拉底早有预料，所以丝毫也不感到吃惊。

这个故事告诉我们，长期重复做一件事情，坚持一个好习惯，需要具备持之以恒的精神。毅力不够，之前所有的努力，都将付诸东流。成年人尚且如此，更别提未成年人了。父母想要孩子养成良好习惯，必须讲究方法才行。那么，哪种方法最简单有效呢？研究表明，新行为叠加到旧行为上，有助于新习惯的坚持和巩固。把很多习惯串联起来，让每一个习惯成为下一个习惯的暗示，那么一连串的行为就会如流水般流畅。比如起床—收拾被褥—洗漱，吃晚饭—洗碗—散步，这两组动作中，每组动作都包含三个习惯。如果想要养成起床后立即收拾被褥，饭后立刻洗碗的好习惯，就得把想要的新习惯和已经做的事情关联起来。起床之后，要暗示自己必须铺床叠被，把床上用品整理整齐；晚饭过后，要暗示自己必须收拾好桌子，将碗筷清洗干净。纠正孩子的行为习惯可以采用同样的方法。

培养孩子的自律精神，用环境暗示和引导

鹰击长空、鱼翔浅底是典型环境中的典型行为，说明在自然界，特定的环境和情境，与生物的行为存在必然联系。人亦如此。固定的场所与某些习惯有

着不可分割的关系。比如，白天在办公室，你穿着套装，说话一本正经，或行或坐，仪态端庄，养成了很多良好的习惯，可一旦下班回家，立刻原形毕露，整个人窝在沙发里，鞋子胡乱地扔在一边，茶几上堆满了乱七八糟的食品袋，仿佛一夜之间，你又变回了那个邋邋遢遢的自己，许多坏习惯纷纷冒了出来。这种现象揭示了什么？从某种意义上说，环境和情境可以支配我们的行为。

试想一下，环境是怎样影响和改变你的行为的，又是如何培养习惯的？这个问题不难解答。郑重的场合和环境，会令我们自觉地规范和约束自己的行为，好习惯不知不觉便被培养起来了。宽松的环境，令我们放松，在这种情境下，我们无意约束自己，容易养成坏习惯。因此，父母营造情境，引导孩子入境，帮助孩子培养好习惯，并不是一件难办的事。比如，你的孩子喜欢在卧室看电视、打游戏，入睡困难，已经养成了晚上熬夜早上赖床的习惯。你可以把电视机搬到客厅，游戏机也挪到客厅，让卧室恢复原始功能，暗示孩子：卧室只是睡觉的地方。这样，孩子回到卧室，就会乖乖睡觉，不会再想其他事情了。

再比如，你的孩子写作业的时候，总是分心做其他事情，一会儿吃零食，一会儿喝可乐，一会儿东张西望，想着玩游戏。这说明你提供的学习环境有问题，必须做出调整才行。你可以考虑让孩子在书房写作业，同时，把饮料、零食等物品全部放入厨房，将游戏设备全部安置到客厅不起眼的角落，然后暗示孩子：书房是学习的地方，客厅和厨房才是可以吃喝玩乐、尽情放松的地方。一旦进入书房，必须摒弃杂念，专心致志地学习。把功课全部完成，才能进入厨房和客厅，做自己想做的事情。

==父母根据功能和用途把家里的房间划分为不同的空间，时刻暗示孩子：一个空间，一种用途。==在书房里学习，在卧室里睡觉，在客厅娱乐玩耍，置身哪个功能区，就配以相应的行为和习惯，任何时候都不能混淆。孩子养成了相应的习惯，行为模式稳定下来，不良习惯自然就被戒除了。

不同物品各就其位，不同空间各司其职。这种井然有序的布置，对孩子的行为习惯有良性的引导作用。父母掌握了此种方法，不必每天唠唠叨叨，也能轻松规范孩子的行为。与此同时，孩子培养出了自律精神，无须家长的干预，就能自如地切换学习、玩耍和休息的状态，合理安排时间，这对双方来说，都是一件好事。

要改变孩子的坏习惯，先激发孩子改变的渴望

英国有位歌手得了很严重的牙病，迟迟不肯就医，长期忍受牙痛的折磨，导致了更为严重的身心健康问题。她之所以如此固执，是因为小时候看牙有过一段恐怖的经历，心里留下了阴影。长大后，她十分惧怕牙医，无论家人怎么劝说，她都打定主意宁死不看牙医。这个事例说明，一个人主观上不想做出任何改变，别人无论怎么努力，都不可能改变他的某些行为模式。

生活中，我们常听到身边的人抱怨，这些人似乎对自己的现状很不满意，可是当你奉劝他们改变的时候，他们不仅无动于衷，还会找出种种理由和借口，拒绝做出改变。这是为什么呢？是因为没有改变的机会和条件，还是因为没有选择空间？都不是。仅仅是因为他们缺乏改变的意愿。他们害怕改变，从心底里抗拒改变，所以即使对现状不满，也愿意维持目前的生活状态。简单来说，人一旦习惯了某种行为模式，便会形成路径依赖，如果没有改变的动机和渴望，就不会采取任何行动。因此，父母若要孩子改变坏习惯，必须激发孩子改变的动机。

心理学上用"改变的准备度"来评估和衡量改变的动机水平。它包含两个指标，分别是"改变的重要性"和"改变的信心"。"改变的重要性"用以衡量一个习惯的改变对自身影响的大小以及改变的必要性。比如，孩子偏食挑食，由于营养不良长得十分瘦弱，若问他是否想改变不良的饮食习惯，他可能会说，

他也希望能均衡地摄取营养，拥有健康的体魄，但是，紧接着，他会马上补充说，目前感觉身体状况还可以，不打算马上调整饮食方式。所以，对他来说，随心所欲地选择自己喜欢的食物更重要，改变饮食方式，相对而言，并没有那么重要。从这个维度上看，他改变的意愿就不强烈。改变的信心，是指一个人主观上认为自己是否有能力做出必要的改变。比如，一个孩子有网瘾，老实承认自己的生活已经被网络游戏毁了，但是他自认为没有能力戒除网瘾，因此，就不会努力尝试戒掉网瘾。

　　父母想要激发孩子改变的欲望，首先要从两个指标的分值入手，跟孩子沟通时，可以这样问孩子："如果让你给'改变的重要性'和'改变的信心'两个指标打分，满分是10分，你会打几分？"如果发现孩子给出的分值较低，不要着急，先弄清孩子的真实想法，再思考改变的可能性。父母可以试探性地问："什么情况下，你才觉得改变饮食方式是重要的呢？"或者"什么情况下，你才对戒除网瘾有信心呢？"孩子可能会说："如果我因为挑食偏食生病了，我就会改变饮食方式。"或者"我找到了比玩网络游戏更有意思的事，可能就戒除网瘾了。"针对这种情况，父母不妨试着对症下药，干脆带孩子到医院做一次比较全面的营养检测，然后用相关项目的数据来说服孩子。对一个缺乏营养的孩子来说，报告单上的数字就是最好的暗示。他大概率会为自己的健康做出积极的改变。对于有网瘾的孩子来说，帮助他发掘更多的兴趣爱好，是戒除网络游戏的关键。反复暗示孩子踢球更有趣，或是参观少年宫更有意义，使其对现实世界产生强烈兴趣。随着时间的推移，孩子对虚拟世界的依赖感就降低了。

纠正坏习惯，动作暗示远胜于训斥

> 有位老者带着孙女乘凉休息。小女孩穿着漂亮的裙子，正津津有味地吃着冰淇淋。吃着吃着，有一大坨融化的奶油掉了下来，粘到了裙子上。老人一看，急了，抬手要打孩子。手还没碰到身子，小女孩就急忙闪开了。惊魂甫定后，小女孩小心翼翼地吃剩下的冰淇淋，再也没有弄脏裙子。

在这个案例中，老人抬手的动作就是典型的动作暗示，传达的意思简单明了：不准弄脏裙子，否则要受惩罚。小女孩受到暗示马上心领神会，所以没敢再犯同样的错误。生活中，很多家长喜欢采用同样的方式纠正孩子的坏习惯，比如：辅导孩子写作业时，发现孩子咬笔头，或者抓耳挠腮做小动作，会忍不住抬起手拍打孩子一下。抬手的动作就是代表禁令的暗示。家长每次抬手，孩子都会感到紧张，为避免受罚，会自觉改正。这种方法效果立竿见影，但由于过于简单粗暴，容易给孩子造成心理阴影。频繁抬手要打的动作，可能把孩子变成惊弓之鸟，使孩子终日生活在惶恐中，丧失孩童时代应有的活力和快乐。因此，父母应当改变自己的教育方法和暗示方式，可以考虑把抬手拍打的动作改成轻柔地拍肩膀抚慰，或者代之以摸头爱抚的动作，让孩子在爱的鼓励下，慢慢纠正错误的习惯。发现孩子坐姿不正，可以做几个挺直腰背的动作，孩子受到暗示，会自觉调整坐姿。

饭前孩子不洗手，甚至想直接用脏手抓东西吃，父母可以轻轻拍打他的小手，然后指向洗手池的方向，示意他把手洗干净了，再回到餐桌旁用餐。孩子吃饭狼吞虎咽或者有吧唧嘴的毛病，父母要示范正确的咀嚼动作，将文明就餐的礼仪教给孩子。晚上9点多了，孩子仍然沉迷于电视或游戏，迟迟不愿意上床睡觉。父母可以当着孩子的面，把床上的被褥铺好，用无声的语言和寓意明显的动作提醒孩子，睡觉时间到了，马上回卧室。

也许你会说，轻柔和缓的动作暗示，远不如严厉的训斥和抬手示威的动作效果明显。倘若暗示动作无法使孩子产生畏惧之心，就起不到纠正坏习惯的作用。这种想法太过偏狭了。我们看待问题和考虑问题，不能只图眼前利益，也不能仅仅贪图自己省事，而要从孩子成长的长远目标出发。父母如果真正关心孩子的健康成长，所使用的教育方法就必须契合儿童心理。任何简单粗暴、可能伤害到孩子的方法都应当被彻底摒除。

父母是孩子的领路人，在陪伴孩子、教导孩子的过程中，自己首先要做到文明有礼。封建时代流传下来的"棍棒底下出孝子"的教育模式，早该被扫进历史垃圾堆了。作为深受现代文明熏陶的我们，不可再将其奉为"金科玉律"了。

第五章
管教叛逆的孩子，"软法子"往往比体罚更有效
——使孩子理解、敬爱父母的暗示法

中国的孝道文化源远流长，到了近现代却遭遇了前所未有的挑战。现在的孩子不再对父母言听计从，已经有了自己的观念和想法。不少孩子为了遵照自己的内心生活，开始跟家长争夺支配权，亲子冲突由此产生。针对这种情况，体罚教育已经不奏效了。相比于强硬的管教，"软法子"可以以柔克刚，往往能起到事半功倍的作用。

在发生亲子冲突时，冷静对待至关重要

有一部反映家庭伦理的电视剧，剧中的母亲因为生活中的各种烦心事苦恼，可能是忧思过度的缘故，她竟忘记了到学校接女儿回家。小女孩自己回到家中，气得大喊大叫："你没接我放学，是不是把我忘了！"母亲无言以对，连连说对不起。小女孩却还是不依不饶："你把我忘了，你居然把我忘了！"成年人观看此剧，肯定认为小女孩不懂事，但是站在小女孩的立场看待问题，又会得出另一番结论。

还有一部讲述母子关系的电影。影片中的母亲非常强势，不允许儿子忤逆自己。可她的儿子有自己的想法，一心想要成为画家。认知的差异，使母子俩渐行渐远。最终，儿子为了寻梦远走俄罗斯，从此杳无音信。母亲肝肠寸断，在思念的驱使下，千里迢迢寻子。看到这里，很多观众会责怪儿子，认为儿子太过任性，给母亲造成了巨大的精神痛苦。可是切换到儿子的视角审视母子冲突，看法便会截然不同。

现实生活中，大多数家庭都存在亲子冲突。有的父母抱怨，不知什么原因，一向听话的孩子突然变得蛮横无理，动辄朝自己吼叫、摔东西，经常无缘无故发脾气；有的父母诉苦，孩子不服管教，家长说往东，他偏要往西走，整天跟家长对着干，真是烦死了！那么问题真的出在孩子身上吗？不尽然。从第一个例子看，小女孩朝妈妈吼叫，是因为妈妈忘记接她回家，她感觉自己被彻底忽

视了,情感上遭受了很大的伤害。她可不是无缘无故发脾气。从第二个例子来看,母亲给儿子规划未来,不希望他做画家。但做画家恰恰是那个儿子的梦想。儿子远走他乡是为了寻梦,并非故意忤逆母亲。家长只站在自己的角度看待问题,当然不可能知道代际的矛盾究竟出自哪里。

冲突发生时,父母不懂得反思,却总是反复暗示孩子:"都是你的错。""你太任性了,不懂得体恤大人。""你正处在叛逆期,叛逆期的孩子难免做傻事。"孩子觉得自己不被理解,可能会彻底关闭心门,从此拒绝一切形式的沟通。这种情形下,父母若还是不愿改变,亲子之间的关系只能越来越糟。

责骂无效的情况下,有的家长可能倾向于动用体罚的手段迫使孩子屈服。这种做法对于本来就糟糕的亲子关系来说无异于火上浇油。那么如何应对亲子冲突才恰当呢?你不妨这样暗示孩子:"冷静下来,我们可以谈谈。"孩子得到这样的信息,不再把你看成高高在上的家长,戒备心随之解除。待他心平气和以后,再耐心交流,沟通起来一定比预想的要顺畅。也就是说,如果你想要弄清孩子为什么对自己发火,不能以暴制暴,而要先放下家长的架子,冷静对待亲子之间的冲突,然后引导孩子说出自己的感受,以消解郁结在心的怨气。这对于理性的父母来说不难做到。

当孩子屡教不改时,就让他"吃一堑,长一智"

我的很多大学同学都是近视眼。他们之所以戴上眼镜,是因为高中用功过度,不小心损害了视力。而我早在初中阶段,眼睛就出现了问题。那时,我沉迷于看电视,每到寒暑假,便近距离盯着电视屏

> 幕，一连数小时，纹丝不动，仿佛走火入魔了一般。家人屡次劝告，我都置若罔闻。直到眼睛疼痛，不得不就医，我才认识到问题的严重性。此后，我不再过度用眼，非常注重保护视力，可惜老天没有给我亡羊补牢的机会，最后，我还是戴上了眼镜。

从这件事上，我得出一个结论：人教人，徒劳无功；事教人，一次足矣。早在文艺复兴时期，法国启蒙思想家卢梭便提出了这样的观点，他认为比起传统的说服教育和惩罚教育，采用自然后果法，即让儿童从不良后果中吸取教训、自我修正，更有利于促成儿童自省。

的确，青春期的孩子是很难被说服的，而惩罚只会加重他的逆反心理，根本起不到正面的导向作用。这种情况下，父母无论说什么做什么，都是白费力气。与其如此，还不如让孩子自己决断。要知道，孩子成长到一定阶段，自我意识觉醒，迫切地希望自己的事情自己说了算，父母的规劝和干涉不仅不能将他引向正途，反而有可能把他推向错误的方向。因为他为了争夺对自身的支配权，会故意与父母作对。父母越是强调和暗示："我无论做什么都是为了你好。""你必须听我的。"他越是会离经叛道，结果往往是灾难性的。

对于日渐长大的孩子，父母应当学会放手。雏鸟羽翼丰满以后，终有一日要飞出巢穴。人亦如此。无论父母多么疼爱孩子，心中有多少顾虑和担忧，都不可能让他永远活在自己的庇护之下。孩子早晚要走上独立自主的道路。在探索自我、发展自我的过程中，他可能会跌很多跤、受很多伤，这个过程无法完全避免。父母唯一能做的事，莫过于让孩子对自己负责。

"你的路自己走，后果也要自己承担。"如果你这样暗示你的孩子，孩子做事时一定会更加慎重。因为他知道，以后出了问题，不能再把责任推给你，只能默默吞下苦果。你也许会问："孩子还小，缺乏正确的判断力，我若不严加管教，他误入歧途或是毁了前途，该怎么办？"这完全不是问题。父母可以尽告知的义务。但是，孩子是否采纳父母的意见，还看他自己的态度。孩子因为不听劝栽了跟头吃了大亏，日后必然后悔。痛定思痛以后，他肯定会把父母的建议当作重要参考。屡撞南墙，碰得头破血流，还屡教不改的孩子是很少见的。毕竟"吃一堑，长一智"的道理，对大部分人都适用。

缓和亲子关系，平等和尊重是沟通的前提

我成长在一个长幼有序的大家族里。小的时候，大家吃年夜饭，座位的次序是非常讲究的。德高望重的长辈居于中央，小孩坐在边边角角的位置，其他家庭成员按照年龄顺序依次排列。觥筹交错间，大家纷纷向长辈敬酒说吉祥话，没人照看小孩。因此，年龄太小的孩子，感受不到自己是大家族中的一员。

漫长的岁月里，我不曾记得大人以平等的姿态跟我对话。直到成年以后，我才获得了与年长的家庭成员平起平坐的资格。我想，很多人都有相似的经历：当你还是个孩子的时候，大人们是不愿意把你当同龄人对待的。青春期的孩子拒绝与父母交流，大都是因为这个原因。

在一些家庭中，老人十分喜欢跟小孩对话。为了适应小孩的身高，老人还甘愿俯身，在整个谈话的过程中没有展现出一点居高临下的姿态。反观有些大人常用不容置疑的语气跟孩子说话，还经常命令孩子，在这种不对等的关系中，孩子当然不愿意敞开心扉交流。

大人说话时居高临下的姿态和方式，无一不是在暗示孩子："在这个家里，我的家庭地位比你高，我有权力管教你，我不允许你反驳我。"这样的态度无疑是令人反感的。父母若是做了孩子的"霸凌者"，那么家就会变成争吵不休的战

场。父母与孩子为敌，谁都不会有好日子过。

不知你是否认识到，亲子之间的代沟和冲突，与时代的演进和观念的进步息息相关。以往的年代，人们看重年龄、资历和等级次序。而今，人们更看重人的天然需求和情感因素。父母只有转变观念，才能改善两代人的关系。如果你的孩子已经有了平等的意识，你却放不下家长的权威，总把自己看得高高在上，那么毫不客气地说，随着隔阂的加深，你真的有可能永远失去孩子对你的那份敬爱和尊重。

比起血浓于水的亲情，家长的威严和权威真的没有想象中那么重要。随着孩子的成长，逐渐老去的家长会慢慢失去力量，双方的力量早晚会呈现此消彼长的态势。因此，趁孩子成年之前，父母应给出明确的暗示："我愿意以平等的身份与你对话。""你可以说出心中的想法。""你可以尝试着相信我。"实际上，孩子需要的东西不多，仅仅是父母的尊重而已。作为一个独立的个体，每个人都渴望得到他人的尊重。你尊重他的权利，尊重他的想法和感受，他的敌意会自然消解，你们之间紧张的关系也会随之缓和。

孩子不是你的木偶，不要试图操纵孩子

你知道木偶剧是怎么运作的吗？原理其实很简单。木偶的各个关节上绑着长长的细线，幕后的表演者熟练地拉动长线，人偶随着手指的抖动灵活地做出各种动作，远远看去，活灵活现，舞台效果非常逼真。由于木偶是死物，没有自由意志，被人操纵不会感到痛苦。若换成活物，原本精彩绝伦的表演就变成了恐怖故事。

很多父母意识不到，当你强迫孩子无条件执行自己的指令时，已然把自己的孩子当成了可操控的木偶。这么说并非危言耸听。假如你的孩子气呼呼地朝

第五章　管教叛逆的孩子，"软法子"往往比体罚更有效

你叫嚷："我不是你的提线木偶""我不是你的附属物"，那么你该醒醒了，因为你的孩子在控诉你的操纵欲，对你的不满已然到了无法容忍的地步。

孩子年幼无知时，父母有义务教导孩子，告诉孩子什么是正确的，什么是错误的，什么是被允许的，什么是被禁止的。等孩子具备了一定的自我控制和自我约束的能力，父母就不便过度管教了。也就是说，你可以要求一个五岁的儿童乖巧听话，但不能对一个十岁以上的孩子提同样的要求。孩子长到一定年龄，会有自己的判断和想法，不可能对家长表现出百分百的顺从。父母得多花些心思，认真研究青少年心理，才能理顺彼此的关系。

发现孩子赌气或故意触犯禁令时，别再暗示"这样做不可以""你必须那样做"了。既然孩子不吃那一套，就不要再做无用功了。与其强迫孩子做你认可他不认可的事，还不如明明白白告诉孩子，为什么要这样做，不要那样做。把你的看法传达给孩子，晓之以理动之以情，让孩子认同和理解你的想法，收到的效果远远胜过那些毫无意义的强制性命令。

为什么开诚布公的交流会胜过强硬简短的命令呢？因为真诚地开启对话，传达的暗示信息是："我只是一个提建议的人，假如你觉得我的话有可取之处，那么你可以采纳我的建议。如果你不认同我所说的，可以不理会。"孩子接收到这样的信息，会觉得自己拥有选择权和自主权，丝毫不认为，自己听从家长的话是被胁迫的。反之，用强硬的语气发布命令，孩子得到的暗示信息是："你必须按照我说的做。无论我的话是对是错，你都必须不假思索地执行我的指令。"这样的暗示会让人产生极大的抗拒感。结果可想而知，听到的人会毫不犹豫地拒绝。

父母可能让孩子像遵奉圣旨一样遵奉自己说过的每一句话吗？当然不可能。在纵向关系明显的商业机构中，老板尚且不能使所有员工无条件地执行自己的指令。父母若要操纵孩子，难度系数肯定更高。因此，在操纵与反操纵的游戏中，父母注定要失败。父母若想把孩子引向正途，应当以精神导师的身份引导

孩子做正确的事情，而不是以上级的身份强迫孩子贯彻和履行自己的意志。

不要用爱绑架孩子，不要总是强调你的付出

> 一个小男孩无意中发现母亲肚皮上有疤痕，追问之后才知道，这道疤痕是母亲为了生下他剖宫产留下的。小男孩十分自责，心疼得几近落泪，母亲温柔地安抚他说："不是你的错，妈妈生下你，感到很幸福。"
>
> 同样的场景发生在另一对母子身上。母亲每每对儿子不满，就开始喋喋不休地诉苦："当年怀你的时候我难产，最后选择了剖宫产。为了生下你，我受了多少苦，你知道吗？"儿子一脸的不耐烦。显然，这样的话他已经听过成千上万遍了。母亲使出的撒手锏，对他来说，已成了强弩之末，早就丧失了杀伤力。

面对母亲的生育之苦，为什么第一个儿子深受感动，第二个儿子不仅冷漠视之，还十分反感母亲旧事重提呢？因为第一位母亲从来不强调"付出"和"牺牲"，非常尊重儿子的感受。而第二位母亲沉迷于自我感动式的苦情戏，推崇愧疚式教育，把孩子当成了债务人。后者的弊端十分明显。如果一位母亲反复向孩子暗示"我受苦都是因为你""你必须心怀歉疚才算有良心"，孩子大致有两种反应：一是活在内疚的情绪中，任由家长摆布；二是激烈反抗，用冷酷的言语否定母亲的付出，否定令其反感的愧疚式教育。可悲的是，孩子无论作何反应，亲子关系都会朝着扭曲的方向发展。

第五章 管教叛逆的孩子，"软法子"往往比体罚更有效

老一代的亲子关系很像债权人与债务人的关系，为人父母者认为，生养子女自己贡献了金钱和资源，身体也受了很多苦，因此，子女理应觉得对父母有亏欠。子女若不拿出感恩戴德的态度来，还反过来跟自己顶嘴，就是大逆不道。以前的子女十分信奉这套价值观，故而在父母面前表现得十分顺从。

而今，年轻人追求平等和自由，对债务人的身份已经不再认同。那么从孩子的视角是怎么看待两代人的关系的呢？年轻人普遍认为，生儿育女是父母的主动选择。人类的父母和地球上的其他生物一样，繁衍生息，顺乎天道自然，它不是一种等价交换的经济活动，更不是一种获利丰厚的投资行为，不能用债权和债务来诠释和定义。比起血脉和基因的传承，家庭成员经年累月培养出的亲情和深沉无私的爱更为可贵。因此，真正爱孩子的家长只希望孩子活得快乐、自由，根本不会采用道德绑架和情感勒索的方式操控孩子。

真正尊重孩子、喜爱孩子的父母，绝不会反复暗示："你是我悲惨生活的罪魁祸首。""我含辛茹苦省吃俭用都是为了你。如果没有你，我会活得更好。""假如没有生下你，我的人生将是另一番光景。"因为每个成年人都知道，这样的暗示会让孩子觉得，自己不该来到这个世界上，不配得到已有的任何东西。在这种暗示的影响下，孩子大概率会走向自毁。无私高尚、内心充满爱的父母通常会暗示孩子："你是老天送给爸爸妈妈最珍贵的礼物。""爸爸妈妈的艰辛和不易，与你无关。你不必有心理负担。"在这种关怀和鼓励下，叛逆的小孩也会感动。因此，可以毫不夸张地说，亲子关系紧张还是和谐，与子女关系不大，完全取决于父母的人文素养和处事态度。

学会温和地沟通，给予孩子"严厉的爱"

比起冷漠严厉的沟通方式，温和的沟通往往更容易被接受。这是因为温暖

的力量切合人们的内心需求，使人心理舒适，不会引起强烈的抗拒和抵触，所以更容易达成说服他人的目的。然而父母往往很难平衡好爱与严厉的关系。有的父母害怕管教不严，使孩子变得骄横放纵，反过来操纵父母。这种担心并不是多余的。在溺爱中长大的孩子确实更加霸道和自私，但是在高压专制环境中成长的孩子，大都会仇视父母，长大后还可能产生严重的心理障碍。

父母怎么做，才能给予孩子恰到好处的爱，同时又能起到约束孩子不良行为的作用呢？答案是，给予孩子"严厉的爱"。什么是"严厉的爱"？制订规则时，先征求孩子的意见，给孩子"参政议政"的权利。经过商量订立了"合约"，再落实相关细节，同时告诫孩子一旦违反，责任自负。这种操作相当于暗示孩子："自由是有边界的，但是你有选择的余地，也有和家长商量的权利。作为家长，我尊重你的基本权利，作为子女，你应当承担相应义务，具备起码的契约精神。"孩子接收到相关信息，会自觉履行合约，努力做到诚实守信。这样一来，父母与孩子对立的关系自动解除，宽严相济的教育方式将发挥出应有的效用。

想要管理孩子、教育孩子，首先要在情绪上认同孩子、理解孩子；其次，要给予孩子与自己平等对话的权利，与孩子达成共识；最后，才是在行为上约束孩子。在管教孩子的过程中，最为重要的是向孩子表达爱。父母应当向孩子暗示："父母的爱是无条件的。"无条件的爱对孩子来说是情感能量的来源，父母不吝啬给予和付出，孩子才能茁壮健康地成长。遗憾的是，很多父母爱孩子是有条件的。严厉管教后代时，他们总是反复暗示说："你再不听话，我就不要你了！""你再不乖，爸爸妈妈就不爱你了！"殊不知这样做，对孩子来说，是多么严重的伤害。

如何给予孩子必要的自由和尊重，无条件地接纳孩子和爱孩子，在"严"与"爱"之间寻找最佳平衡点，是父母在教子过程中需要慎重考虑的问题。

第五章 管教叛逆的孩子，"软法子"往往比体罚更有效

不要重复说教，小心越唠叨孩子越叛逆

父母无法通过唠叨管束孩子，完全是因为超限效应在作祟。

> 美国著名作家马克·吐温曾经亲身感受过超限效应的可怕。有一次，他兴致勃勃地前往教堂听牧师演讲。起初，他听得津津有味，被牧师渊博的学识和绝佳的口才所折服，对台上的牧师钦佩不已。其他听众也都用崇拜的眼光看着牧师。他妙语连珠、侃侃而谈，非常具有个人魅力，几乎所有人的情绪都被他感染了。马克·吐温也很感动，为了表达对这位牧师的崇高敬意，他准备给教堂捐一笔善款。
>
> 不知不觉，十分钟过去了。牧师意犹未尽，越说越兴奋，但他所宣讲的内容大部分都是冗余的，不足以使人振奋。听众完全失去了兴趣，马克·吐温也感到不耐烦了。他不打算捐太多钱了，只想把口袋里为数不多的零钱捐出来。
>
> 又过了十多分钟，牧师还在眉飞色舞地发表演说，那副唾沫横飞的架势，已经惹人不悦了。但他丝毫不自知，把说过的东西变着花样翻来覆去地解说，皱着眉头唠叨个没完。马克·吐温不由得怒从心起，恨不能一个箭步冲过去，把他的嘴巴死死捂住，以阻止他继续制造噪声。那时，马克·吐温已经不打算捐钱了。演讲结束后，人们早已丧失了募捐的热情。

这个故事告诉我们，强调过多、过细，说话时间太长，会引起人心理上的

极度不适，最后不仅起不到说服别人的作用，反而会激化矛盾，这种现象就是"超限效应"。现在孩子叛逆，除了青春期的因素外，老师和家长过度唠叨、过度教育，也是非常重要的一个因素。孩子犯错以后，父母试图用没完没了的说教提醒孩子，以为自己强调的次数越多，说得越详细，孩子越能受到教育。殊不知语言轰炸超出了孩子的心理承受极限，孩子会产生厌烦情绪，不仅不愿听从劝告，还有可能故意与家长对着干，亲子关系将不可避免地走向恶化。

父母反复暗示："你做错了事，说明你不懂事、不成熟。所以，必须乖乖听我的话。"或者不依不饶地逼迫孩子认错，抑或旧事重提，把孩子以前犯过的错误也列举出来，将孩子塑造成劣迹斑斑的形象。孩子自尊心严重受损，会产生逆反心理。

其实，父母唠叨无非是希望孩子知错能改，动机和想法都没问题，错就错在沟通方式不合适。一般来说，==孩子犯错以后，有针对性地进行说教，用简洁有力的语言说明情况、表达期望，远比絮絮叨叨地讲空洞的道理更有效果==。

如果孩子已经意识到自己的错误，就不要一而再再而三地重复说教了。最好给予孩子积极的暗示："知错能改，善莫大焉。"这样孩子不以犯错为耻，又不用接受烦人的唠叨，改变的动力会更大一些。

为孩子提供选择，不要强迫孩子接受你的安排

关于如何教子，人们并没有找到一个放之四海而皆准的正确方法。有的家长相信"玉不琢，不成器"，认为必须对后代严加管教，方能使其成才。有的家长觉得尊重孩子的天性，珍视孩子的天赋，尽量减少不必要的干涉，更有利于孩子成才。究竟哪种教育方法适当，这是一个见仁见智的问题。

第五章 管教叛逆的孩子，"软法子"往往比体罚更有效

> 小磊家的教育理念与老子提倡的"无为而治"的治国理念如出一辙。由于缺乏必要的关注和管束，小磊在天真幼稚的年纪，就过上了无拘无束、自由自在的生活。放学归家后，小磊可以一边如痴如醉地观看动画片，一边漫不经心地写作业，丝毫不用担心会挨骂。一年一度的暑假和寒假，他更是放飞自我，直到临近开学才被迫挑灯夜战补作业。
>
> 整个童年和少年时代，小磊都表现得散漫而自由。因为没被约束过，不曾与父母发生严重的冲突，大部分时间他都为自己负责，并没有感觉到强烈的精神痛苦。他的大学同学的人生经历与他完全相反。由于家里有一个强势的母亲，她从未得到过任何自由空间。她已经习惯了执行母亲的意志，直到成年以后，才迎来迟来的叛逆期。尽管毕业后，家里已经为她安排了相对稳定和理想的工作，她却一直计划着出逃，试图通过异地工作的方式摆脱母亲的管控，开启属于自己的人生。

可见，对于心智不成熟的孩子来说，绝对的"无为而治"不利于培养孩子的自律精神，而彻底剥夺孩子的自由意志和选择的权利，则会把孩子推向相反的方向。父母如何教育孩子，才更有利于孩子的心智发展呢？以解放孩子的天性为由，对孩子放任不管，显然是不可取的；采用强制、命令或变相体罚的方式迫使孩子听话更加不可取。

随着年龄的增长，孩子有了自我意识，渴望获得自我掌控感，与家长起冲突，乃是一种必然。冲突是一个信号，反馈的信息是，双方的需求都没能得到充分满足。父母觉得，我经验多，知道怎么安排对你好，你为什么不能理解我

的一片苦心呢？孩子认为，我有自己的喜好和想法，想按照自己喜欢的方式生活，你为什么总是看我不顺眼，总是没完没了地对我指指点点呢？两代人传达的暗示信息，都是以抱怨为主，当然很难达成共识。

父母若想打破僵局，可以换种策略与孩子沟通。比如孩子在暑假期间沉迷于手机和电视，你担心他荒废学业。不妨先表达关切："你长时间看电视、看手机，眼睛一定很疲劳吧。我担心你的视力会进一步下降。你是怎么想的，和我说说好吗？"

孩子大概率会听懂你暗示语背后的弦外之音，可能会狡辩说："我没长时间盯着电视和手机看。眼睛累的时候，也会适度休息。您不用担心，我会保护好自己的眼睛，也能如期完成假期作业。"

这时，你不妨鼓励说："听你这么说，你已经有能力安排好自己的学习和生活了。既然这样，就按照你的设想，咱们一起制定一个方案，把看电视、玩游戏和写作业的时间做一个大致的规划，怎么样？"这句话暗示的信息是，作为孩子，你有自主安排生活的权利，作为家长，我有监督的权利，我们可以一起保障计划的实施。孩子若认可双方的权利和义务，就会心甘情愿地执行计划。双方配合默契，相处起来也会变得容易很多。

第六章

爱是万能解药，给予孩子面对挫折的勇气和力量

——使孩子积极应对失败的暗示法

每个孩子都要经历成长的阵痛，挫折是不可避免的。然而，并不是所有的孩子都具备破茧成蝶的能力。有的孩子自尊心强且争强好胜，无法面对学习和生活中的失败。父母要运用积极的暗示法，及时给予孩子心理疏导，帮助孩子摆脱挫败感。

暗示的力量：唤醒孩子的内驱力

在孩子遭遇挫折时，告诉孩子还有"B计划"

对于大多数人来说，高光时刻不过是花火一瞬，挫折和失败才是贯穿一生的底色。平凡的小人物逃不开屡仆屡起的命运，功成名就的伟大人物也是如此。

> 美国漫画家查尔斯·舒尔茨成名之前，一直跌跌撞撞地成长。学生时代，他多门功课亮红灯，物理学得一塌糊涂，有一次甚至考了零分。文化课不过关，体育成绩同样惨不忍睹，在校期间，他没踢过一脚好球，也不曾赢得一场比赛。鲜花和掌声似乎永远与他绝缘，那时没人赏识他，他也觉得自己一无是处。
>
> 查尔斯·舒尔茨唯一擅长的事情是画画。可惜没人认可他的绘画才能，他努力了多年，仍然没有一部作品被采纳。寄出的漫画作品有如泥牛入海，盼不来任何回音。就这样，生活向他关闭了所有的门和窗，好像把他拖入了永无止境的黑暗。查尔斯·舒尔茨近乎绝望了。万念俱灰之际，他拿起画笔把自己不堪的过往全部画了出来，于是大家看到了一个叫查理·布朗的小男孩，事事不顺心，干什么都不行，学业糟糕透顶，风筝也不会放，踢球总是输，投稿屡次遭遇退稿，朋友嘲笑他是"木头脑袋"，他自己也这么认为……由于漫画形象贴近大众，又融合了很多对生活的独特体验，一经问世即引起了广泛的共鸣。查尔斯·舒尔茨一跃成了世界闻名的漫画家。

这个故事告诉我们，条条大路通罗马，成功的途径不止一条。然而父母们通常喜欢暗示孩子"学习是唯一的出路""学习不好，考不上好学校，长大之后没能力谋得好工作，没办法成家立业，整个人生就毁掉了"。在这种暗示的影响下，孩子考砸一次，输掉一场比赛，都会感觉正经历世界末日，尚未遭受更多的挫折和劫难，心志就垮掉了。

其实，大多数孩子就像儿时的查尔斯·舒尔茨，既没有骄人的学习成绩，也没有飒爽的风姿，各方面表现平平，谁都不会认为，他们长大以后有可能成为杰出人物。但事实胜于雄辩。小时候不起眼的人物，成年后做出成就的比比皆是。因此，父母不要过早地给孩子定性，发现孩子学习能力不足，且没有运动细胞和才艺，千万别说："你将来一定一事无成。"而要暗示孩子："你只是没有找对赛道。大家都在执行的 A 计划不适合你，但你还有 B 计划。一旦你找到了属于自己的道路，就能所向披靡。"

那么什么是 B 计划呢？B 计划就是其他出路的意思。学校通常以统一的标准和模式培养孩子，凡事以成绩论成败。孩子一旦在竞争中落败，会理所当然地认为前方所有的出路都被堵死了，自己已经到了无路可走的境地。这时，父母一定要告诉孩子："你还有其他道路可选。"要让孩子相信"天生我材必有用"。这样，才能给深陷绝望中的孩子以希望，才能指引孩子冲破黑暗，走向光明。

在孩子烦恼时，运用同盟暗示法表达支持

不知你是否有过这样的体验：寻求安慰或安慰别人时，猛然发现，人生的悲欢并不相通。即便你是一个情感丰富的人，也无法对别人正经历的挫折和困难完全感同身受。无论你怎样宽慰别人，别人的痛苦和挫败感也不会减少一分。这是为什么呢？为什么你反复暗示："我理解你的感受。"别人就是不相信不领

情呢？

这种现象并不奇怪。毕竟每个人都是独立的个体，每个人的经历和体验都是独特的，作为一个局外人，你不可能百分百了解他人的感受。

父母和子女的关系也是如此，由于各自的立场不同，经历和感受不同，以至于无法理解对方。孩子遭受重大挫折时，父母简单安慰："宝贝，别怕，我理解你的感受，我永远支持你。"孩子可能不会领情，甚至可能会质疑："您真的了解吗？您根本不知道我正经历什么。"那么，父母怎么表达支持，才能被孩子接受呢？

首先，要与孩子建立同盟关系。在亲子关系中，同盟暗示法是表达支持的一种有效策略。具体的操作方法很简单，在平时的相处过程中，父母只要放下架子，以朋友和同盟者的身份与孩子沟通和交流就可以了。孩子受挫时，父母可以用一个大大的拥抱向他传递温暖和关爱；孩子感到孤独时，父母可以通过牵手、抚摸等身体接触的方式，让他感受到友善和支持；孩子面临困难和挑战时，父母可以通过合作的方式，与孩子一起探讨解决方案，使他真切地感受到支持和信任。

在沟通过程中，父母应以倾听者的姿态认真倾听孩子的感受和想法，鼓励孩子勇敢表达自己。表达观点时，最为关键的环节是，进入与孩子相同的频道。人与人之间沟通失败，大多是因为说话不同频，彼此都有一种鸡同鸭讲的感觉。父母鼓励安慰受挫的孩子时，也有可能给孩子带来相同的感觉。若要做到与孩子保持同频，父母需要超越时代和自身认知的局限性，多花些时间了解当下的孩子。你只有切入孩子的视角，感受他所经历的事情，才能真正理解他的情绪，破解安抚他心灵的密码。

表达情感支持最忌平行谈话。有的父母表达欲强烈，没有找到与孩子的共同话题，就忙着把话题引向自身，以为可以通过自己的励志人生教育孩子。殊不知，这是孩子最排斥的一种谈话方式。当你向孩子述说自己童年的艰辛和苦难，并自豪地赞颂自己的坚韧和顽强时，孩子无法理解，也没兴趣了解。因为时代不同了，当今的孩子正在经历不同的事情。你的人生指南已经无法指导他了。你必须把谈话的重心转移到他的身上，才能让他感受到你对他的重视和尊重。

顺境才易成才，让孩子活出松弛感

生长在肥沃土地上的植物，大都茂盛高大，舒展肆意，有一股蓬勃的朝气，生命力也更旺盛。它因为自身足够强大，酷烈的阳光、风霜雨雪，都不足以摧残它的意志。而长在瓦砾堆里的植物，因为环境局促、供养不足，变得十分孱弱，尽管它拼命为自己争取阳光和养料，一刻也不敢懈怠，却仍是一副病恹恹的样子，刮一场大风或下一场暴雨，对它来说，都是抵御不住的劫难。

可见，宽松富足的环境，可以让生命活出松弛感，而这份松弛感正是抵御一切伤害的可敬力量。而恶劣的成长环境，用焦虑和紧迫感喂大的生命体，通常扭曲而病态，根本没有能力抵御外界的残酷考验。

有些家长认为逆境出人才，事实上，顺境才更容易出人才。植物在健康的环境下成长，才能拥有强大的生命力。人也是这样。只有给予孩子舒适放松的生活环境，才能使他活出强大的自我。反之，让孩子很小的时候，就深受匮乏感的折磨，反复发出"时不我待"的紧迫信号，孩子并不会因此变得坚强，反而可能因为环境的异化彻底迷失心性。

近年来，虎妈狼爸的教育方式兴起，很多家长试图通过严厉的教育，把孩子培养成出类拔萃的人才。结果却事与愿违，孩子不仅没成才，还因为遭遇到一点小小的挫折走向崩溃。原因很简单，严酷的环境，培养不出健康强壮的孩子，它培养出来的不过是一些心灵孱弱、没有底气和力量感的孩子。

如果父母总是暗示"你必须吃更多的苦，承受更多的压力，才能变得优秀""家里条件不好，不能为你提供任何支撑，你必须靠自己"，孩子可能被激发出强大的斗志，但是内心的不安和焦虑，可能毁了他的自信和底气。一旦结果不如自己所愿，就有可能陷入精神上的"滑铁卢"，从此一蹶不振。

仔细观察你会发现，活出松弛感的孩子不仅读书好，成绩出色，其他方面表现也很出彩。对于偶尔的失误，前进道路上的一些小挫折，这样的孩子通常具有消化能力。即使没有任何人安慰，他也能自己渡过难关。而那些总是神经紧绷的孩子，只知道读书、考试，一次成绩不理想，便会怀疑自己、怀疑人生，更不要说接二连三承受打击了。

当今时代，社会既需要高精尖的顶级人才，也需要全面发展的复合型人才。父母不能太过功利和短视，更不能人为地制造恐慌和焦虑。学习之余，让孩子抽出时间做一些自己擅长和喜欢的事情，不仅可以让他在精神上活得丰盈而富足，还能为他保留一个超越自己的机会，他日特长变成专长，孩子的前途将不可限量。

父母暗示孩子"生活不只有挫折和痛苦，还有很多美好的事情等待你去发现""你可以培养自己的爱好，用兴趣滋养自己的心灵""我希望你快乐、健康，其他都是次要的"，有助于孩子放松身心，更好地探索自我。换言之，作为家长，尊重孩子的成长速度，静待花开，让孩子活出真正的松弛感，才能成就孩子。

告诉失败的孩子：你只是运气不好

一个夏日的黄昏，我到广场上观看杂技表演。众目睽睽之下，一名男演员表演起了惊险刺激的吞火绝技。只见他熟练地点燃火把，悲

第六章 爱是万能解药，给予孩子面对挫折的勇气和力量

壮地张开嘴，将熊熊燃烧的火焰整个吞了下去。霎时间，火焰因缺氧而熄灭。不知什么原因，演员烧伤了嘴唇，但表演仍需继续。按照一般的逻辑，这样的演出是失败的，因为经过特技训练的演员没有做到毫发无伤、全身而退。他本可以放弃挑战，把余下的节目交给同行的伙伴。可是他没有那么做。解说员见状，连忙解释说："今天晚上有风，晚风干扰了表演，演员的嘴因此受伤了。请给演员掌声鼓励一下，他会献上更精彩的演出。"

演员似乎也被说服了，把失败完全归咎于天气原因。他很快调整好状态，一鼓作气完成了余下的吞火节目。观众看得目瞪口呆，纷纷报之以雷鸣般的掌声。演出结束后，我陷入了长久的沉思，不由得回想起了习得性无助的相关理论。

习得性无助概念的提出者马丁·塞利格曼指出，遭遇过失败和负面事件之后，把原因归咎于不可更改的恒定因素，将失去改变的动力和决心，从而陷入长久的无助状态。反之，把原因归咎于运气或其他可控因素，将有效减轻无助感和无力感，提升应对困难的信心。这也许就是那个表演者经历失败后能迅速调整好自己，重新发起挑战的原因所在。

你的孩子考试考砸了，或是输掉了比赛，你是怎么归因的呢？你是否暗示过孩子："你天赋不够""你在智力和体能上不如人"呢？如果你给出过相似的暗示，那么你的孩子大概率会陷入习得性无助的恶性循环中难以自拔。原因在于，天赋、智力和身体素质，都是先天因素，它们基本取决于基因，是没办法被修改的。你把孩子失败的原因归结于这些因素，无疑是在变相地告诉孩子："你注定是失败者，不要再作无谓的尝试了。"

孩子遇事不顺，遭受重大挫折时，父母可以这样暗示孩子："你只是暂时没有发挥好，以后一定会表现得更好。""你只是运气不佳罢了。等到你时来运转了，状态也好了，肯定能取得绝佳的成绩。"孩子相信了这些理由，会把希望寄托到未来的某个特殊时刻，用不了多久，就能走出失败的阴影。

老实说，把失败全部归咎于运气不好，并不客观。但这种方法，对于失败者而言，是一种十分有效的激励手段。有时候残酷的真相，既不能发人深省，也不能促使人进步。相反，一些乐天派的主观想法，能赋予人战胜挫折的信心和勇气。既然如此，何不选择后者呢？人人都知道，运气是变化的，否极泰来是有可能的。孩子失败后，暗示一切都是运气因素，鼓励他重整旗鼓，远比告诉他，他技不如人，要好得多。其实失败并不可怕，可怕的是丧失从头再来的勇气，只要孩子不服输，未来总有无限可能。父母愿意引导孩子再接再厉，就有可能为孩子创造一个光辉灿烂的未来。

不要吝啬你的笑容，笑是最好的安慰剂

比起语言暗示，表情暗示的效果似乎更为明显。比如：一个人哭丧着脸，代表他正在走霉运；愁眉不展，代表他正承受着不为人知的压力和痛苦；喜笑颜开，代表他心情愉悦、神清气爽；开怀大笑，代表他是一个内心快乐和富足的人。接收到暗示信号的人，心情也会跟着起起伏伏。毕竟情绪是会传染的。

不知你是否留意过自己的表情暗示。如果你的孩子在学业上遇到了挫折，或是在校队选拔中惨遭淘汰，你会亮出怎样的表情呢？展示一张失望的苦瓜脸，还是用温暖的微笑慰藉他受伤的心灵？不要小瞧你的一颦一笑，它蕴含的威力足以颠覆一个孩子的内心世界。

试想一下，一个小孩受挫后垂头丧气，急需安慰的时候，父母对他冷若冰

第六章 爱是万能解药，给予孩子面对挫折的勇气和力量

霜，或是露出一张耷拉的苦瓜脸，他的内心感受是怎样的？肯定觉得父母嫌弃自己，于是更加厌弃自己。如果父母换一副表情，展露出阳光灿烂的笑容，他必然认为自己是被接纳、被喜爱的，纵使表现不尽如人意，仍然可以从父母那里获得关爱和支持。怀着这样的心态，即便要经历再多严酷的考验，他也会从容以对。因为父母的爱就是他心中的一盏明灯，会照亮所有的黑暗和阴霾，护佑他安然到达目的地。

事实上，爱笑的父母才能培养出乐观坚忍的孩子，笑是最好的安慰剂。无论发生什么事，只要笑一笑，身体便会分泌多巴胺，而多巴胺这种神奇的物质，可以起到释放压力、放松精神的作用。故而，笑是应对挫折最好的良方。

> 旅居北京时，我曾和不同的室友合租。其中一位室友患有先天性心脏病。虽然身体多有不适，她却从不怨天尤人，每天都是一副高高兴兴、笑意盈盈的样子，无论碰上什么糟心事，都不放在心上。她之所以具备这么强大的心理能量，是因为她有一位和善温煦十分爱笑的母亲。母女俩无所不谈，平时像朋友一样相处。真是羡煞旁人。

一个善意的微笑不需要花费任何成本，却能传达出丰富的信息，激励孩子勇往直前。父母们着实不该吝啬自己的笑容。作为一个心态健康的正常人，我们平时应该多笑，面对孩子的时候，更要展露笑容。孩子从我们的笑脸上看到的，可能是春暖花开的希望，也可能是"行到水穷处，坐看云起时"的淡定和从容。

为孩子加油打气，肢体语言是最强的暗示

　　2024年巴黎奥运会赛场上，中国网球选手郑钦文握拳怒吼的姿态，展露出了气吞山河的王者风范，场内外的观众无一不被她身上那股凛然的霸气所征服。人们一致认为，这就是世界冠军的样子。相比之下，维基奇连连失利后，怒摔球拍的一幕，充分展现出了败军之将错失金牌后的羞愤和气恼。两位网球运动员的肢体语言，给全世界的观众留下了难以磨灭的深刻印象，以至于比赛结束数日后，她们的肢体动作仍然是大街小巷热议的话题。

　　心理学家艾伯特·麦拉宾认为，人们对一个人的印象，55%取决于外形与肢体语言，38%取决于讲话时的语气和腔调，仅有7%取决于说话的内容。也就是说，你说过的话，别人未必有印象。但是你展示的肢体动作，表现的画面将扎根在别人的脑海里。恰如巴黎奥运会的网球赛，郑钦文自信霸气的握拳姿势和维基奇失态摔球拍的动作，形成鲜明对比，谁胜谁负，一目了然。把这个原理应用到教育上，我们可以得出这样一个结论：比起听到了什么，感受到了什么，孩子看到了什么更为重要。父母的肢体语言给孩子的暗示信息，对孩子的心理影响最大。

　　孩子正遭受前所未有的挫折时，你是怎么做的？是像维基奇那样摔东西泄愤，还是像郑钦文那样摆出握拳的姿势，给孩子加油打气？如果经常观看体育赛事，你会发现，人们鼓励一个选手的时候，会用击掌、握拳、竖大拇指、鼓掌等方式，说明这些肢体语言能给人带来力量和心理能量。孩子面临挑战、需

要鼓励时，父母可以复制相似的肢体语言，为孩子加油鼓劲，帮助孩子克服失败之后的沮丧感。

孩子经历多次失败，再次参加智力竞赛或学校组织的其他竞技比赛时，比赛前夕，父母给孩子一记响亮的击掌，无疑是一种有力的鼓励。孩子收到相应的暗示信息，将信心满满地走上赛场，一扫往昔的紧张和不快。比赛渐进高潮时，父母以握拳的姿势给孩子加油，孩子将力量倍增，极有可能会超常发挥。比赛结束后，父母报之以热烈的掌声，是对孩子表现的认可。

也许你会问，如果孩子仍表现不佳，还能使用这一系列肢体语言吗？当然可以。赛前击掌、赛中握拳、赛后鼓掌，每一个动作都是对孩子的鼓励。即便孩子再次输掉了比赛，你也要传递给他"虽败犹荣"的信息，而不能采用"成王败寇"的法则对孩子进行负激励。

对于孩子的成长来说，比赛的输赢远不如心态重要。人之一生，充满了各种各样的竞争。一时的得失不过是小小的插曲，并不能决定最终的成败。而面对输赢的心态，才是决定最后成败的关键。所以，父母教育孩子的时候，一定要用发展的眼光和全局的眼光看待问题，切忌犯"一叶障目，不见泰山"的错误。

在孩子颓废时，运动是最有效的解压药

高中时代的小颜多愁善感、郁郁寡欢，每天沉浸在自己的情绪中，鲜少关注外界的变化，也很少参加户外的活动。她有时感觉心情烦闷，便疯狂看书，以为在书籍中能得到想要的答案。有一天，体育

老师对她说:"到外面活动活动,对于改善心情是有帮助的。"他的话不无道理,运动可以促使身体分泌多巴胺,而多巴胺能令人愉悦。所以,体育锻炼是对抗挫折的一种有效手段。可是小颜天生好静不好动,比起到户外晒太阳锻炼,她更喜欢待在教室里看书。

为了进一步说服小颜,体育老师跟她分享了自己的人生经历。原来,年轻时,他是一名颇有实力的运动健将,曾经在大规模的赛事中取得过不俗的成绩。可惜由于种种原因,他没能如愿进入国家队。幸运的是,他苦心孤诣培养的学生有的成了运动员,有的考入知名体校,都有了光辉的前程。有时,他感慨怀才不遇,但并不悲观,因为经常进行体育运动,他浑身充满活力,似乎又找回了年轻时的昂扬和自信。

在这位老师的鼓励下,小颜一改往日的慵懒和颓废,开始跟在体育特长生后面绕着操场慢跑。坚持了一个多月,神奇的事情发生了。小颜居然不那么郁闷了。

小颜之所以能振奋精神,最重要的一个原因是,她动起来了,改换了一种状态,这个转变给我们一个极大的暗示:小颜重新获得了对自己身体的掌控力,不再因为心情不好而懒懒散散。

父母如果看到孩子因为遭受重大挫折变得懒散颓废,可鼓励孩子每天运动半小时,使他的机体获得一定量的多巴胺,这对于他改善心情大有帮助。此外,一个人每天进行有规律的运动,不再因为心态不好而浑浑噩噩,真切地感受自己身心方面的变化,想法也会变得积极。一个健康的有朝气的身体,无疑会带来积极的暗示:生活是充满希望的,我能管理和照顾好自己。

从心理学上分析，一个人遭受挫折后，如果心情过于灰暗，可能会失去行动力，什么也不想做。而一旦发现自己身体不听使唤，挫败感会愈发强烈。这种情况下，父母带动孩子到户外运动，让他的身体重新恢复健康的活力，他对自己的判断会因此发生改观。

从科学的角度看，人的生理和心理是相互作用、相互影响的。身体的机能调动不起来，精神上往往萎靡不振；反之，身体状态转好，整个人也会变得神采奕奕、精神焕发。毫无疑问，运动可以提升人的身体素质和健康状态，而好的身体状态将会给大脑带来积极的暗示，人的心情也将随之改变。仔细观察，你会发现一个神奇的现象：热爱运动的人大都每天乐乐呵呵，抗压抗挫的能力往往也强于常人。这足以说明，运动有益于身心健康。父母多鼓励孩子参加户外运动，肯定有百利而无一害。

重建信心，鼓励孩子从最容易的事情做起

人生处于低谷时，往往举步维艰，诸事不顺。拷问命运的同时，你会质疑自己的能力和价值，认为自己什么都办不到。这种难熬的至暗时刻，怎么做才能改换面貌重整旗鼓呢？其实，说难也不难，你只要尝试着从最容易的事情做起，重拾信心就可以了。

> 多年以前，我经历了人生重创，丧失了进取心和做事的一切动力。那段时间，我整个人处于抑郁状态中，什么都不想做，什么也做不到。窗外朝晖夕阴的变化、物换星移的变迁，愈发使我焦躁不

> 安。因为时光的流逝在不断提醒我,我蹉跎了岁月,浪费了时间,辜负了大好的韶华。一个春光明媚的早晨,我挣扎着起床,认认真真地洗了把脸,把头发梳理柔顺,就因为做到了这点小事,我重新振作了起来。

你没听错,有时候一件微不足道的小事,足以让一个身陷困境的人恢复信心。从最容易做到的事入手,是帮助失败者迅速走出困厄的绝佳途径。与成年人相比,孩子的抗压抗挫能力显然更弱。如果他在学习或做事的过程中,遭受了打击,或是遇到了暂时难以逾越的障碍,就会裹足不前,进而陷入长久的消极状态。这时,父母反复暗示"你要坚强""你要勇敢"是没有任何意义的。小孩子不相信毫无营养和说服力的口号,他只相信客观事实和自己的主观感受。

当孩子被挫败感困扰的时候,父母引导他从最简单、最容易的事情做起,可以帮助他获得更多的成就感和价值感,这对于他日后恢复自信是大有帮助的。有个孩子成绩不佳,从小学到初中,学业方面始终没有长进。但他没有被挫折压垮。原因在于,家长给他报了篮球班。他轻轻松松投了好几个球,瞬间找回了自信。可见,想让孩子重新恢复斗志,只需交给他最简单的任务,然后暗示他:"你做得很好。"他就有可能重新评估自己的能力,进而进行更多的尝试。

人生道路上的各种挑战好比一场场通关游戏,从难度系数最低的关卡入手,极容易获得大满贯。玩家获胜后,才会有信心挑战难度更高的任务。然而,最低级的任务并不等于赛前的热身和试水,它是孩子重塑自我的跳板。完成相关任务之后,孩子才能实现华丽变身,成为一往无前的勇士。

从逆境中崛起不需要太多的秘诀,只要让你的孩子尝试最得心应手的事,他就会改变原有的认知。最为重要的是,他把一件事做好,会将相关经验和感受推而广之，进而实现更多的目标。一个在学业上毫无长进的孩子，可能因为投了几个好球，发掘自己的运动天赋，日后在其他体育竞技中大放异彩；一个在智力竞赛中表现失利的孩子，可能因为几笔涂鸦，发现了自己的绘画才能，此后又接连解锁了其他技能。

父母绝口不提失败的过往，只因孩子完成了小小的任务，就传达积极的暗示，孩子会因此转变观念和态度，把精力投放到当下的努力中，忽略失败给自己造成的伤害。因此，从某种意义上说，挫折教育是否成功，基本取决于父母的认知和策略。

说教无用，直观的感受才能打动内心

不知你是否留意过漫山遍野的蘑菇：这些伞状的菌类植物大都生长在阴暗潮湿的恶劣环境中，它们得不到阳光的照拂，也没有肥料的滋养，长期处于无人问津的状态，直到长到足够高、足够壮时，才能享受阳光雨露的滋润，才能以优美的姿态呈现在世人面前。人的成长和蘑菇的生长过程十分相似。大多数人在功成名遂之前，都经历过一段漫长的沉寂时光。他们经历了无数挫折和磨难的考验，才获得成功的宝座。

优秀的成年人避不开落寞的"蘑菇期"，小孩子也要经历相同的阶段。有上进心的孩子孜孜不倦地学习，想要得到老师和同学的认可，可成绩毫不出众，在尖子生云集的重点学校，完全没有存在感，他心底的不甘和怅然可想而知；看到别的孩子当上了班级的管理者，受到老师的"重用"和同学的瞩目，有野心的孩子蠢蠢欲动，也想获得同样的荣誉和地位，却悲伤地发现，自己得不到周围人的支持，老师也不看好自己，这种失落感是实实在在的，丝毫不亚于竞选总统的人踌躇满志时落选。

暗示的力量：唤醒孩子的内驱力

种种挫败的经历，会让孩子产生消极情绪。他可能会怀疑自己不够优秀，或是觉得自己太过平庸，无法像同龄人中的佼佼者那样光芒闪耀。这种时刻，父母应当怎样教导孩子才合适呢？批评他虚荣，让他不要胡思乱想吗？这样做显然不合适。因为从天性上讲，人皆有追求卓越的渴望，希望自己绽放光芒本身没有错。问题在于，在现阶段，孩子的能力和追求的目标是不匹配的。父母揭示现状的时候，应当暗示孩子：你只是处于"蘑菇期"罢了。只要愿意默默积蓄力量，经过厚积薄发的酝酿，终有一日，你会迎来属于自己的荣耀。

理论上的说教作用可能十分有限。时间宽裕的话，父母可以带着孩子到郊外实地观察蘑菇，让孩子用自己的眼睛感知蘑菇生长的艰难。解说过程中，可以考虑加入名人成长故事，以生动的形式，向孩子传达积极向上的精神。

父母可以暗示孩子：现在不被重视不要紧，时间会给出最好的答案。做好自己，在默默无闻中积淀实力，假以时日，终将博出属于自己的一片天地。正处于迷茫期的孩子，若是对潮湿中生长的小蘑菇产生钦佩之意，便能受到启发，找到自己的努力方向。

事实上，许多不足为奇的自然现象蕴含着丰富而深奥的哲理。父母从中解读出深意，把相关道理和精神营养传递给孩子，远比复述书本上的大道理更有效。孩子的思维方式不同于成人，一般来说，大多数孩子不能理解抽象深刻的东西。所以，把暗示的信息具体化、直观化，才更有助于孩子的理解。孩子受挫时，宣讲空洞的大道理基本无用。有意识地引导他了解"蘑菇定律"，让他认识沉寂时期的价值，对他日后的成长和发展，具有一定的积极意义。

第七章

每个孩子都是宝藏，帮助自卑的孩子找到天赋密码

——使孩子提升自我价值感的暗示法

自卑是人类的普遍情结，但是这种情结会损害自我价值感，对于一个人建立自尊和自信，是非常不利的。发现孩子自卑，父母不要责怪孩子没用，而要从家庭教育入手，找到孩子自我价值感低的原因，然后对症下药，用爱和鼓励帮助孩子获得自信。

宁可让孩子自负，也不能让他自卑

> 小学时代，我有一个关系密切的小伙伴。她比我大两岁，个子和我差不多。她的外表很特别，皮肤泛着微微的瓷白色，眉眼发辫呈好看的棕黄色，乍一看去，有几分异域风情。她不仅长相特别，成绩也引人瞩目，每次考试都考倒数第二。偶尔，她会流露出自卑情绪，但大部分时间都是自信的。
>
> 起初，我不明白她的自信来源于哪儿。后来了解了她接受到的家庭教育，我才恍然大悟。原来，她有一个特别懂得欣赏她的母亲，不管成绩如何，母亲从来不打击否定她，仍然夸赞她，说她漂亮、能干、活泼、热情，除了学习不好，几乎没有缺点。

这样的母亲真的非常少见。毫不夸张地说，同款父母几乎可以用凤毛麟角来形容。大多数的父母看不到孩子身上的闪光点，他们的焦点经常在孩子的不足和缺点上，大部分时间都浪费在了批评指正上。

习惯端着放大镜从孩子身上寻找瑕疵和缺点，却不擅长发掘孩子独特的闪光点，是很多父母显著的通病。家长常常暗示孩子："你浑身上下都是缺点。""你没有值得欣赏的优点。""你必须改正。""我希望你脱胎换骨，成为更好的人。"这种消极的评价，久而久之，会内化成孩子对自己的认识和评价。原本自信阳光的孩子，被贬得一无是处，长大后自卑到无法自拔，乃是不可避免的事。相比之下，我童年的小伙伴是何其幸运。尽管她没有优异的成绩，也没能力担任班干部，但她的母亲仍然视她为宝藏。在老师和同学眼中，她只是一个学习不好、各方面都不起眼的孩子；在母亲眼中，她却是一个熠熠发光、集很多美好品质于一身的好孩子，永远独一无二、永远不可替代。试问，哪个孩子得到这样的赞美，还会自卑呢？

有多少家长发自真心地认为，自己的孩子是一座待开发的宝藏？在很多父母眼中，他们的孩子可能连璞玉都不是，充其量算块顽石。顽石的最大特点就是粗粝、无光泽和美感，必须经过千锤万凿，才能始露光华。基于这种错误的认知，父母所有想使孩子变好的暗示，都会起到完全相反的效果。

事实上，每个孩子都有自己独特的闪光点。父母在教导孩子的过程中，最为重要的任务，就是让孩子充分认识到自己的独特之处。孩子认识到自己的优势和价值，才能充分发挥长处，成为一个优秀的人。有的父母认为只强调孩子不足为道的优点，会使孩子产生骄傲自满的情绪，不利于孩子进步。其实不然。孩子极度自卑时，急需父母的认可。父母仅用最简单的暗示语，也能使他产生自我良好的感觉。即使他变得自负也不要紧，因为自负总比自卑要好。

从理性上讲，宁可自负，也不要自卑。因为自卑是对自我价值的怀疑和否定。父母不能让孩子深陷自卑的泥潭。孩子自卑时，父母不妨暗示他："你很好。""你很不错。""你在××方面超过其他同龄人。"这些正面的评价，很有可能成为助力孩子成才的利器。

让为外貌自卑的孩子学会揽镜自照

年纪小的时候，我对自己的形象毫不在意，但也有了美丑的观念。在我的印象中，堂姐是我们这个大家族中长相最漂亮的女孩。她豆蔻年华之时，我还是一个短下巴幼态脸的儿童，所以对她的少女形象至今念念不忘。

堂姐身形苗条、个子高挑、五官清秀、眉目如画，是一个标准的北国美女。我呢，只是一个普普通通的小孩，和穿行于街头巷尾的其他小孩没有明显区别。挨着她照相的时候，我觉得她就像一只光彩照人的白天鹅，而我，至多算一只灰不溜秋的小麻雀。基于形象上的天渊之别，在她面前，我隐隐有些自卑。有时，我想，即使我长成亭亭玉立的少女，也不及她十分之一美丽。

整个童年时代，没有人用"丑陋""难看"之类的词汇羞辱我。相反，人们夸我长得可爱，班上的一位女同学说我长得好看，还故意引导我观察镜子里的自己。我用慢扫描的方式瞥了一眼镜子，看到了一张粉嘟嘟的小圆脸和一双闪亮的眼睛，忽然觉得自己没那么平庸和难看了。那一刻，我认同了自己的形象，我的认知被瞬间颠覆。也许，这就是镜子的魔力。

镜子有什么魔法，又是怎么改变一个孩子的自我认知的呢？从心理学上分析，一切都是暗示的结果。想象一下，你的孩子因为身材肥胖而自卑，你暗示说："瞧瞧，谁家的孩子这么可爱呀，小脸圆嘟嘟的，胳膊莲藕似的，整个人看起来像个雪娃娃似的。"孩子按照你的描述和想象观察镜子中的自己，大概率会得出一模一样的结论。从此他不会再为身材感到焦虑自卑，相反，可能因为自己具备种种可爱的特征而沾沾自喜。

镜子中的影像是自我形象的折射。当一个人觉得自己面目可憎时，从镜中看到的自己必然是一副丑陋可怖的模样；反之，当一个人主观上认为自己具备

第七章 每个孩子都是宝藏，帮助自卑的孩子找到天赋密码

讨人喜欢的特质，那么照镜子时，肯定能从自己的脸上看到一些迷人的东西，这都是心理作用所致。小孩子为相貌自卑时，父母采用恰当的暗示语引导他，改变他的自我认知，他就能从镜子中找到想要的答案。

其实，审美是一种主观判断，关于美的定义没有统一的标准。虽然从亚洲人的传统审美观念来看，高瘦、白皙为美，但不具备相关特征的人，也有自己独特的美。娇小玲珑的身材往往惹人怜爱，敦实的身体常给人以憨厚的印象，婴儿肥的面庞则显年轻，小麦色肌肤看起来更健康。成年人的美是多种多样的，小孩也是如此。对于处在生长发育期的小孩来说，高矮胖瘦都不重要，只要体重不影响身体健康，他可以呈现出任何面貌。

孩子照镜子时，父母千万别暗示："你真胖。""你再高点儿就好了。"因为那会影响他对自己的判断。你完全可以换种表达方式评价孩子，比如："你长得真可爱。""你看起来好喜庆。""其实，你长得挺好看的。"胖孩子揽镜自照时，父母绝口不要提减肥的事，如果觉得孩子体重严重超标，可以考虑帮他报一些兴趣班，比如踢足球之类的，让他通过健康的运动规律地减重。

告诉孩子：你已经足够好！

家长渴望孩子成才，本来无可厚非。但在教育方法上，古人与今人大有不同。古人注重孩子的身心成长和品德塑造，因此才有了"孟母三迁""断机教子"的典故，现代人更看重成绩和才艺，希望孩子考入名校，精通十八般武艺，在各方面各领域，都是一骑绝尘的佼佼者。

成绩优异、才气纵横、冰雪聪明的孩子也会自卑。这可能是因为父母总是暗示说："你不够好。""我不满意。""你必须努力提升自己。"在这种暗示的影响下，孩子即使年年考试班级第一，奖状贴满墙壁，也会因为自己不是全校第

一而懊恼。即便经过努力，他获得了全校第一的成绩，也会因为钢琴弹得不够好，歌唱得不够动听，诗朗诵缺乏激情，或是在运动场上没能独领风骚，感到处处不如别人。纵使他多才多艺，学习拔尖，仍会对自己不满意。只要他做不到十全十美，总有一万个理由自卑。

成年人都知道十全十美的人并不存在。但有些父母却因人生有诸多遗憾，希望后代能补全自己，所以理所当然地把高标准高要求强加给孩子，不管孩子喜不喜欢。问题在于，孩子永远达不到父母的期望。因为超越现实和常理的期待，终将落空。失望是一种必然。值得警惕的是，比起父母的失望，孩子对自己的失望，更是一种灾难。

听到名校高才生和众人追捧的学霸黯然神伤地说："其实，我挺自卑的。"不知父母们有何感受？看到斩获大奖的孩子面向人群时表现得瑟缩局促，丝毫没有胜利者的风采，不知父母们有何感想？优秀者的自卑该如何解读？其实，父母们只要说一句："你已经足够好。"孩子们便会释然。可惜这么简单的事情，父母们鲜少实践和尝试。

"你已经足够好。"这句简短的暗示语，无非是在告诉孩子，不要再对自己那么苛刻了。事实上，每个人都有自己的优势和劣势，谁也不能在所有的赛道上拔得头筹。父母们放下执念，允许孩子发展自己的长板，才有可能把孩子培养成真正的栋梁之材。

摒弃打压式教育，孩子需要你的认可

上辈人大都希望后辈拥有"胜不骄败不馁"的心态，因此普遍推崇谦虚精神。后辈稍稍展露一点锋芒和得意，他们便忍不住要纠正。然而，过度推崇谦虚的人，往往也推崇打压式教育。而打压式教育给孩子造成的心灵伤害，远比

第七章 每个孩子都是宝藏，帮助自卑的孩子找到天赋密码

骄傲自满造成的危害还要严重。

孩子好不容易取得了理想的成绩，兴高采烈地向家长分享喜悦，家长不仅没有一点笑脸，反而冷冷地说：“这有什么？才考90多分就骄傲了？你和考100分的孩子比差远了。”收到这样的负面回应，孩子的好心情荡然无存，他可能会认为，无论自己如何努力，都不可能得到父母的认可。

"这有什么？"寥寥几个字，所暗示的信息杀伤力巨大，足以在短短几秒钟内，将孩子的所有成就和骄傲抹杀。孩子取得好成绩，你告诉他，这没什么；孩子首次登台表演，赢得满堂彩，你告诉他，这也没什么；孩子第一次捧着奖状和奖品回家，你依然告诉他，这实在没什么……暗示语没有改变，但对孩子来说，伤害却呈几何倍增长。

"这有什么？""这没什么。"意味着，所有的事情不值一提。你不看重，希望孩子也别看重。这对一个渴望在你面前获得肯定的孩子意味着什么？不知你是否思考过，孩子小有成就时，为什么要第一时间把好消息通知你。他这么做，显然不是为了炫耀。事实上，他只是希望被认可。

为什么不能成全孩子？为什么不能在孩子乐颠颠地跑向你的时候，高兴地与他庆祝呢？千万别说，你故意说扫兴的话，仅仅是为了让孩子保持谦逊的美德。比起谦逊的美德，孩子的自尊、自信和自我价值感显然更为重要。如果觉得孩子表现得不错，你完全可以大大方方地告诉孩子"这值得庆贺"。

"这值得庆贺。"暗示着你愿意同他分享胜利的喜悦，认可他现阶段取得的成绩，也珍视他拼搏后的成果。孩子自鸣得意时，父母确实有义务纠正他。但是，对于他的出色表现，父母最好给予适度的认可。如无必要，千万不要在他实现目标时，摆出轻描淡写、不以为意的态度。因为那样做会打击他的自信和热情，可能使他对自己的能力和价值产生怀疑。

打压式教育已经过时了。如果你想培养出一个自信满满的孩子，必须马上摒弃扫兴的打压式教育。

暗示的力量：唤醒孩子的内驱力

表扬孩子的点滴进步，让他学会自我肯定

世上有两种生物能到达金字塔顶端，一种是鹰，另外一种是蜗牛。鹰一飞冲天，瞬间即可到达金字塔顶部，看起来毫不费力。而蜗牛必须背着重重的壳艰难地向上爬行，慢慢腾腾地前往塔尖。可是临到最后，蜗牛和雄鹰的视野是一样的。可见，对执着的弱小生命来说，每一次的点滴进步，都具有里程碑式的意义。

有人羡慕雄鹰一样的天之骄子，以为他们有一步登天的魄力，探知内情才知道，世上没有一蹴而就的成功，别人之所以光芒闪耀，离不开长期的坚持和努力。正如雄鹰，雏鸟时期日日练飞，只为日后的冲顶。

蜗牛只要取得一点点进步，便自我肯定，每当有所迟疑的时候都用积极的暗示语鼓励自己。

作为父母的你，是否认真想过，你的孩子究竟是雄鹰还是蜗牛呢？可以肯定的是，雄鹰般的天才儿童只占少数，大多数孩子都是蜗牛般普通的选手。然而平凡弱小的蜗牛也有自己的优势，它有锲而不舍的精神，而且每天都在进步。

对于孩子的微小进步，你是怎么评价的呢？暗示他进步的速度太缓慢了，还是开心地告诉他，即使是很小的进步，也是成长道路上的重要里程碑？父母最大的错误莫过于以评价绩效的方式评判孩子，因为成年人的逻辑和法则并不适用于孩子。对一个孩子来说，自觉纠正一个错别字，认真做完一道题，或是善始善终地做到一件小事，都是不容忽视的进步。这些都是值得肯定的。

父母想让孩子每天自我精进、自我完善，最好的办法不是从头到脚挑毛病，而是经常暗示他："每天进步一点点。"传达的意思清晰明了：我的要求不高，你只要今天表现得比昨天好一点点，我就会感到满意。这类小目标是很容易实现的，这样孩子更乐于付诸行动。

有的父母试图把蜗牛特质的孩子逼成雄鹰，这是不现实的。不断向孩子暗示："你是雄鹰。"并不能使孩子变成天才，相反，这种极端的做法可能加剧孩子的自卑。蜗牛征服金字塔，靠的是一寸一寸地爬行，心态急躁必然难以成功。尊重孩子的天然属性，接受孩子的平庸，督促孩子自我精进，才是父母最应该做的事情。

记住，在孩子的成长过程中，你的每一句暗示的话语，每一个下意识的反应，都有可能对孩子的未来产生深远影响。所以，在孩子面前，不要鼓吹一步登天的成功，不要宣扬一夜暴富的神话，最好诚恳地告诉孩子，仰望星空时，必须脚踏实地，才能一步一个脚印地到达目的地。

如果你的孩子进步的速度如蜗牛爬行般缓慢，不要着急，要教会他自我肯定。只要他还在努力，还在进步，就要培养他的自我认同感。在孩子顺利完成一个小目标的时候，不妨鼓励他对自己现有的成就和心得发表感言，这样做可以让他对自己的进步产生更为深刻的认识。

不说泄气的话，只说正能量口头禅

《阿甘正传》中有很多鼓舞人心的经典台词，比如："生活就像一盒巧克力，你永远不知道下一块会是什么味道。""奇迹每天都在发生。"第一句台词在剧中多次出现，它是阿甘母亲的口头禅，其含义是，生活充满不确定性，你得接受各种可能性，并充分享受每一个珍贵的瞬间。第二句台词在剧中也出现了很多次，它是阿甘的口头禅，意思是，任何时候都不要放弃希望，只要保持乐观，坚持不懈地努力下去，人生总会出现转机。

阿甘和母亲的口头禅，初闻普通，却越品越有味道，它们不仅展现了主人公乐观向上的生活态度，还传达了永不服输、积极应对困境和挑战的人生信念。

暗示的力量：唤醒孩子的内驱力

心理学家认为，不同的口头禅主导不同的命运，你命运的密码潜藏在日常的口头禅中。这是因为那些口头禅间接反映了你内心真实的想法，而那些挥之不去的念头将形成强大的心理暗示，影响你未来的计划和行动，从而引导你做出与信念相匹配的选择。父母的口头禅不仅会影响自身的工作和生活，还会对子女的学习和生活造成难以估量的影响。例如，孩子每次做错题或做错事，你的嘴里都会蹦出这样的口头禅："你怎么又错了？"这种负能量的声音会引导你的孩子不断走向失败。孩子好不容易弹完一首完整的曲子，或是历尽波折才达成一个心愿，你摆出一副无所谓的态度，随口就说："这没什么了不起。"孩子受到相关暗示，就会变得消极。

本身自卑的孩子，在负能量声音的引导下，往往行动消极，这可能导致他发挥失常，反复品尝失败的苦果。所以，发现孩子有自卑情结，父母必须马上收起载有负面信息的口头禅，指导孩子学习和做事，要代之以正能量的口头禅。比如，孩子表达自己的想法时，你不妨说："你的想法很有创意！""这个主意不错！"孩子畏难时，你不妨说："我相信你能克服这个困难。"孩子对现在和未来感到迷茫时，你不妨说："日日是好日，每一天都是新的开始。"孩子自我贬低的时候，你不妨说："在我眼里，你永远是最好的。"孩子觉得自己比同龄人差的时候，你不妨说："每个人都有自己的长项和短板，你擅长的事情，别人未必擅长。"孩子怯懦不敢行动的时候，你不妨说："我相信你。你一定能把这件事做好。"

总之，管住自己的嘴，不说泄气的话，不揭孩子的短，多多给予孩子正向反馈，孩子肯定能摆脱自卑，一步步走向自信。

实现从零到一的突破,帮助孩子体验成功

十八岁之前,我自认为是个路痴,为了防止迷路,我尽量足不出户,生活方式堪比隐士。那时我的活动半径小得可怜,踏足的场地仅限于学校、食堂和宿舍,可以毫不夸张地说,我过的是标准的"三点一线"的生活。

每次假期出行,我都紧紧跟在同学或家人后面,从来不敢脱离队伍,做了多年跟班,可惜还是不见长进。可气的是,同一条路线,重复走了多遍,我仍然记不得来时的路,坐实了"路痴"的定位。这太让人难堪了。

据说,老马、大象、乌龟都认路,鸟类可以利用地球磁场导航,纵使跨越千万里迁徙,也能找到回家的路。而我身为万物灵长的人类,在认路方面却输给了动物。有时,我丧气地想,我真是一个可悲的失败者,也许这辈子只能近距离移动,永远跟诗和远方绝缘了。

大学期间,我被迫独自外出办事,整整坐了两个小时的车,一番劳顿后又走了很多路,最后终于准确无误地到达目的地。原路返校时,一切都很顺利。这段经历彻底颠覆了我的认知,原来我不是"路痴",以前之所以记不住路线,完全是因为走路心不在焉,没有刻意去记途中的标识。从此,我对自己充满了信心。毕业之后,我开始大胆地走南闯北,碰到复杂的路线也不打怵了。

过去的经验非常影响一个人对自己的评价和判断。失败的累积和消极体验的叠加，会让人产生强烈的挫败感和自卑感。要想摆脱这种状态，唯一的途径就是获得积极的成功的体验。

孩子屡屡受挫，深受自卑情绪困扰，假如没有获得外界的帮助，也不曾体验过成功的感觉，就会被经验所困，不断被消极的自我暗示烦扰。这时，父母应当施以援手，帮助他获得成功体验，协助他完成人生道路上的各种挑战。毫无疑问，积极的成功体验会带来积极的心理暗示，一次小小的成功，也有可能改变孩子的心理状态，进而改变他的人生。

别小瞧一次小小的改变。一次颠覆式的成功，对于深陷自卑的孩子来说，可能比哥伦布发现新大陆、人类登上月球还要意义重大。发现孩子很自卑，父母首先要弄清其自卑的根源。如果是学业不顺导致的，那么无论你采用什么方法，都得让孩子成绩有所进步。只要成绩有一点点进步，孩子就有可能获得信心。如果孩子因为不会滑冰或骑自行车感到沮丧，那么你可以考虑手把手教他，一旦他掌握了相关技巧，就会对自己的平衡能力和学习能力产生信心。孩子学习某些技能的时候感到吃力，父母可以考虑帮他转报兴趣班。等他掌握了简单的技能，获得了成功的体验，再转攻原来的技能，状态必然完全不同。

总之，若想增强孩子的自我效能感，没有捷径，关键要看父母能否帮助孩子实现从零到一的突破。

包容无关痛痒的错误，不在琐事上消耗孩子

很多家长都喜欢在鸡毛蒜皮的琐事上消耗孩子，比如：孩子不小心打破了一只碗，可能会收到"笨手笨脚"的评价；不小心弄脏了衣服，则被斥责为"邋遢"；起床晚了十分钟，会被冠以"懒虫"的称号……这些消极的暗示语，

第七章　每个孩子都是宝藏，帮助自卑的孩子找到天赋密码

无疑会影响孩子的自我评价，敏感的孩子会因此陷入自卑。这些不好的评价，显然不利于培养孩子的自信心。

父母小题大做的教育方式对于一个孩子的成长是相当不友好的。年龄和阅历的差距决定了，一个小孩子很难理解生活的一地鸡毛和琐碎庸常，但是父母给他的评语，暗示的消极信息，可能极大地影响他的自尊和自信。

小孩子犯了无关痛痒的错误，或是身上残留着无伤大雅的毛病，父母本不该将其放大。打碎一只碗不是什么大不了的事，与其指责他笨手笨脚，还不如用"碎碎（岁岁）平安"的积极暗示语，安抚他的情绪；衣服脏了，帮他换洗便好，根本没必要发火；起床迟了一点，提醒他下次注意就好，晚起十分钟天不会塌下来，地球也不会停止转动。

一只碗、一件衣服，不可能比孩子更宝贵。十分钟的价值，也不能跟孩子相提并论。寸金难买的片刻光阴，和孩子的身心健康比起来，同样无足轻重。父母应当暗示孩子：<mark>"在爸爸妈妈眼里，没有什么比你更重要。"</mark>而不是"你不重要，我只关心金钱和时间"。

<mark>对于一个家庭来说，最可怕的不是贫穷，而是无休止的吵闹和内耗。孩子最怕的不是物质上的剥夺，而是精神上的羞辱和打压。</mark>开明的父母喜欢就事论事，从不在小事上借题发挥。不开通的父母则会揪着小事不放，没完没了地贬低和数落孩子。

在孩子的精神世界里，父母是核心。从某种意义上说，父母掌握着孩子的情感世界，支配着孩子的情绪和内心秩序。父母在小事上消耗孩子，孩子的内心秩序会混乱，精神世界也会崩塌。

内心自卑、自我价值感低的孩子需要父母的鼓励和关怀。而这些情感精神要素是不需要投入成本的。<mark>父母若是真的爱孩子，就应当在精神上滋养孩子，改掉爱挑剔的毛病。</mark>

暗示失落的孩子：失败了也没关系

孩子考试考砸了，比赛输了，父母应该怎样安慰他，才能帮他克服自卑情结？简单地说："没事，下次再努力。"抑或宽容地表态："我知道你已经尽力了，我不怪你。"这些说法都不能成功消除孩子的负面感受。

战场上丢盔弃甲的士兵以失败为耻，赛场上发挥失常的选手因失败而痛心，任何一种讲求输赢的竞技，都会给落败者带来心理压力。无论别人是否接纳他们，是否给他们再次尝试的机会，失败的阴影都不可能马上烟消云散。

中考那年，因为得了重感冒，我迎来了人生首败，以惨淡的成绩考取了普通高中。那时，没有人嘲笑我，熟悉我的人都为我感到惋惜。然而任何安慰的话都显得苍白无力，我什么也听不进去。直到高考考入重点大学，我才找回了久违的自信。

大学期间，我发现人人都擅长的事情唯独我不擅长，挫败感再次袭向了我。不过，作为心智成熟的成年人，我已有了应对方案。每每在竞技中落败，我都安慰自己："失败了也没有关系。"这一招很灵验。体育课上，看到同学初次上冰，就如惊鸿般轻盈灵动，往来健步如飞，而我战战兢兢，耗尽九牛二虎之力仍滑不起来。我对自己说："暂时学不会滑冰也没关系。"此后，我加紧练习，滑冰课临近考试时终于达到了勉强及格的水平。宴会上，同学们放声高歌，个个唱功震惊四座，轮到我时，我尴尬地唱了几首跑调的歌，即刻暴露了五音不

第七章 每个孩子都是宝藏，帮助自卑的孩子找到天赋密码

> 全的弱点。失落之际，我在心里对自己说："不会唱歌没有关系，没有才艺也没有关系。我不需要事事胜出。"

成败本身不重要，重要的是你如何解读相关事件，且赋予它怎样的意义。毫无疑问，失败意味着遭遇负面事件，与此同时，还要承受一种相对糟糕的体验。没有父母的鼓励和安慰，孩子恐怕难以独自面对。孩子因落败感到灰心时，父母暗示："失败了也没关系。"不仅可以减轻孩子的心理压力，还能在一定程度上消除孩子内心的羞耻感。

孩子感慨："为什么我干什么都比不上别人？"父母要安慰孩子："你在某些方面比不上别人，不代表处处不如人。你擅长的事，也许别人不擅长。"孩子哀叹："无论比什么，我都是输，我从来就没赢过。"父母要帮他调整认知和状态："输只是暂时的。未来是可以改变的。只要你多加练习，提高技艺，成功指日可待。"

告诉孩子，在某一方面技不如人没什么大不了，暂时的失败不代表永远取得不了胜利。把眼光放远一些，把握当下、面向未来，终有一日会成就更好的自己。

第八章

用孩子的逻辑，化解孩子的坏情绪

——帮孩子戒除情绪化的暗示法

心智成熟的成年人情绪和内核都是稳定的，孩子则完全不同。在情绪管理和情绪表达方面，孩子普遍缺乏经验，故而容易发脾气闹情绪，让家长伤脑筋。其实，人有情绪上的起伏和变化是正常的，孩子耍性子之所以不被接受，是因为他们不能像成年人那样懂得审时度势控制自己的情绪。对此，父母不要太过责怪，而要学会用孩子的逻辑化解孩子的坏情绪。

不要压制孩子的情绪，要允许孩子发脾气

相比于成年人，小孩子显然更喜欢闹情绪：逛商场时得不到喜欢的玩具，会哭闹不止；在跑跑跳跳的过程中，不小心摔了一跤，会忍不住号啕；被大人惹生气了，会摔东西、喊叫，甚至动手打人，俨然是个"小魔王"。总之，孩子的情绪就像过山车，前一秒钟还笑逐颜开，后一秒钟就可能毫无征兆地大发脾气。

成年人具备管控情绪的能力，而小孩子往往难以做到，因为他们对情绪的认知和表达尚处在懵懂阶段。他们只知道生气就发火，悲伤就痛哭，除此之外，不晓得如何通过其他途径排解不良情绪。一般来说，受到宠爱的孩子是敢于向大人表达自己的真实情绪的，只有不被爱、处处受压制的孩子，才会迎合家长，隐藏情绪，把所有委屈独自吞下。

以我堂妹家的小孩为例。她平时聪明、乖巧，偶尔略显顽皮，十分惹人喜爱，家里的所有长辈都喜欢她，对她比较包容。因为安全感十足，她不必对任何人察言观色，可以毫无顾忌地发泄自己的情绪：感到不满，便发出不耐烦的哼哼声；稍有不开心，便拒绝配合大人的行动；生气了，就有意识地提高说话声音的分贝。这些表现，是我们的父辈从未有过的。我们的父辈从小要看长辈的脸色行事，说话不敢大声，受了委屈也不敢吭声，无论发生什么事情，都不曾表露出一丝情绪。

如果给情绪设置温度表，0~60摄氏度为轻微的情绪波动，表现为态度不耐烦，讲话没好气等。可以说，我们父辈的情绪表现几乎无限接近零度。而我堂妹家小孩的表现至多接近60摄氏度。中等情绪已有怒意的显现，我们可以把它想象成60~90摄氏度，其具体表现为喊叫、摔东西、故意挑衅家长。极端情绪犹如滚水沸腾，我们不妨把它想象成90~100摄氏度，处在这种状态下的孩子会

歇斯底里地哭闹，或者出现直接的攻击性行为。

看到孩子扔东西、打人、哭叫、瞪眼挑衅，父母的情绪也会被挑动起来，随口说出的话语往往会比较伤人："你再胡闹，我就不理你了。""你再乱发脾气，我就不喜欢你了。""我数到三，你必须给我停下来。不然，我就不客气了！"这些带有威胁性质的语言，无疑是在暗示孩子，表达情绪是错误的。孩子接收到相关信息，虽然会有所收敛，但情绪得不到疏导，将导致严重的心理问题。

孩子闹情绪的时候，父母应当认可和理解孩子的情绪，不分青红皂白地压制孩子显然是错误的。你可以暗示孩子："我知道你不开心。""我知道你很生气。""可以具体说说你的感受吗？"找到孩子闹情绪的根源，再对症下药，显然更利于帮助孩子解除心理症结。父母应当暗示孩子，发脾气是被允许的，但表达情绪也要讲究方法，拿东西出气或是声嘶力竭地吼叫、哭闹，甚至动手打人，都不是解决愤怒的好办法。有什么不满可以大方说出来，家长可以帮助他平息委屈和愤怒。

发现孩子情绪背后的需求，实现高质量的陪伴

多年以前，有一个引人深思的儿童栏目，栏目聚焦问题儿童和问题家庭，以以小见大的方式，反映当代社会普遍存在的亲子关系问题。其中有一集，出镜的是一对双胞胎男孩。他们的父亲是一位西装革履的白领，母亲是一位家庭主妇。从房间的布置来看，这个家庭的经济状况相当好。可是，家庭氛围却不怎么和谐。男孩们热衷于搞破坏，经常把家里搞得一片狼藉，母亲气得直抹眼泪。父亲无可奈何，

只能抱起闹得最凶的那个孩子安抚。那个孩子在大人怀里使劲挣扎闹腾，一边踢打大人，一边咆哮，俨然一只小怪兽。另外一个也不省心，一直在为兄弟助战，俨然把父母当敌人对待。

夫妻俩被折磨得精疲力竭，为了纠正熊孩子的"恶行"，只得花大价钱请专业的儿童心理医生上门治疗。心理医生在短短几天之内，弄清了孩子们故意捣蛋的根源：原来他们责怪父亲成天忙于工作，不肯花一点时间陪伴自己。孩子父亲承认，他经常把工作带回家做。不过，他并没有忙到抽不开身的地步。他之所以不理孩子，是因为自己在童年时期没有得到过父爱，不知道如何跟孩子们相处。心理医生运用专业知识指导他陪伴孩子踢球、骑自行车，帮助这个家庭修复了亲子关系。最后，孩子们因为得到了高质量的陪伴，从此再也没有做出出格的举动。

栏目中反映的问题特别常见。孩子因为得不到优质的陪伴，感受不到爱，便绞尽脑汁搞破坏，以求引起父母的注意。可悲的是，很多父母能发现孩子的情绪，却不愿花心思了解孩子情绪背后的需求。发现孩子有情绪问题，父母通常会大声喝止："别添乱了行不行，爸爸妈妈真的很辛苦！"事后，他们又会不断地暗示，父母之所以这么忙碌，都是为了家庭和孩子。

许多父亲不能履行父职，长期在孩子的成长中缺席，给出的理由多半与工作繁忙有关。母亲拒绝陪伴孩子，同样是因为忙。有的母亲事业心强，并不愿意成天围着孩子转。有的母亲忙于家务或是其他私事，也不想以孩子为重心。一旦孩子打断她们，她们便以"等一等""过会儿再说""我腾出时间再陪你玩"等说辞敷衍。孩子知道父母的注意力不在自己身上，会想出各种办法吸引父母的注意力。这种情况下，当如何破局呢？如能立刻放下手头的事情，陪伴孩子游戏，当然更好。如若不能，应当安抚孩子："再等十分钟，十分钟之后，我一定陪你玩。"快速将手头之事处理完毕之后，马上兑现承诺。需求得到回应后，孩子的情绪会明显好转。

其实，孩子对父母的要求并不高。他们所需要的无非是父母的爱、陪伴和重视，求而不得，才会撒泼、耍赖、胡搅蛮缠。父母一定要看到孩子情绪背后的真实需求，并用温暖的暗示语和具体的行动满足孩子的正当需求，比如告诉孩子"爸爸妈妈喜欢跟你在一起""爸爸妈妈愿意把时间花费在你身上"。对于孩子来说，这些安抚的话语，比糖果和新款的玩具更具治愈作用。

孩子的痛苦也是痛苦，要理解和认同

很多家庭存在一种问题——代际间无法互相表达理解和认同。有些老一辈人认为，现在的孩子身在福中不知福，不仅吃不得苦、受不得累，还整天闹情绪，一点也不知道理解大人。孩子则认为，时代变了，父母却还是活在过去，完全不了解现在的孩子正承受着怎样的压力和精神痛苦。每次沟通，双方都不能达成共识，彼此都对对方感到失望。

父母可能会暗示说："你经历的那些事算什么，我们那代人才更艰难，想当年……""我们为你提供了最好的条件，你应当感到满意，不能成天没事找事。""你没有理由不开心，因为你比我们那代人幸福一百倍。"听完这些话，孩子恐怕什么也不想说了。因为父母根本不理解他的情绪和感受。

孩子不会明白：为什么我过得比你好，就不能拥有正常人的情绪了？我有我的压力和烦恼，我有表达的权利。父母则不以为然，仍然要求孩子乖巧、懂事，不给自己添麻烦。孩子很想大声抗议："我不是你们口中的温室花朵，我遭受的痛苦是实实在在的。"话到嘴边，却发不出声音。毕竟在很多长辈眼里，孩子有情绪，是因为过得太好，缺少历练，多经历一些风吹雨打，不是坏事。所以孩子说自己痛苦，父母可能根本不相信，只会觉得孩子在无病呻吟。

野狼永远无法理解家犬的烦恼。虽然它们同宗同源，但成长环境和生存环境差异太大，感受和观念完全不同。在野狼看来，自己要风餐露宿打猎奔波，才勉强混个温饱，日子何其艰难。家犬享受着狗粮和温暖的大屋子，过着衣食无忧的生活，既不该有烦恼，也不该有情绪。只有家犬知道，主人不在时，它是多么孤独。

孩子的感受通常是真实而纯粹的，情绪的起起伏伏大都处在合理的范畴之内。父母不应当暗示："你不应该有负面情绪。"而应以温柔的声音抚慰说："我理解你现在的心情。""你的感受是正常的。""你的想法很正常。""每个人都有负面情绪。"孩子听到这些话语，感觉自己被理解和接纳了，才愿意对父母打开心扉。

孩子对父母关闭心门，多半与父母否定孩子的正常情绪有关。父母要求孩子完全没有情绪显然是不合理的。小孩子表达悲伤、愤怒、委屈、痛苦等负面情绪，往往不是为了博得同情，也不是为了烦扰大人，而是为了获得理解、支持和认同。父母们做出正确的回应，才能让孩子回归平静。

提供情感支持，做孩子成长阵痛的"创可贴"

每个孩子都要经历成长的阵痛。

第八章　用孩子的逻辑，化解孩子的坏情绪

> 在电影《美国牧歌》中，玛丽是个含着金汤匙出生的天之骄女，从小就过着别人难以企及的美好生活。她的父亲是一位成功的企业家，经营着家族产业和大牧场，母亲美丽不可方物，既优雅又迷人。作为典型的美国中产阶级家庭，这家人拥有一切令人艳羡的东西。美中不足的是，玛丽说话结巴，一张嘴舌头就打结。家里请来的心理医生认为，玛丽之所以结巴，是由于对完美的抗拒。她的家庭太过完美，而完美本身会给孩子造成心理压力。
>
> 这个中产阶级之家一直维系着体面和完美，玛丽结巴的毛病一直没有治好。她在学校受到排挤和嘲笑，一个朋友也交不到，长到十几岁的时候，开始变得愤世嫉俗，最后干脆离家出走。为了寻求归属感，她一度被邪恶组织利用，堕落为危害社会的危险人物。她的父亲因她而心碎，去世前夕还喃喃地向外人解释说："我们用最好的方式养育她，可是小孩子在成长过程中总有自己的烦恼。"

从理性角度看，玛丽迷失心性，肯定不是父亲的错，她的情感痛苦也不是父亲带来的。事实上，她的父亲已经做到极致了。真正的问题在她母亲身上。母亲冷傲有距离感，让她没办法亲近。偏偏父亲最爱母亲，亲密关系又有排他性，导致她在家里找不到自己的位置。感觉痛苦的时候，谁也无法成为阵痛的"创可贴"，所以她只能背井离乡向外寻求。

玛丽的困境不是个例。孩子承受情绪痛苦时，很多家长都起不到止痛的作用。因为家长无法真正明白孩子所处的困境和正面临的问题。一些孩子在家里找不到存在感与归属感，在学校也找不到，承受着常人难以想象的精神创痛。这种情况下，父母若不能提供情感支持，孩子便会情绪崩溃。

在某些特殊的情况下，孩子有可能认为自己是多余的。这时，父母应当暗示孩子：在爸爸妈妈的生命里，你是不可或缺的。作为母亲或父亲，不管跟伴侣的关系多么亲密，都要腾出空间好好疼爱孩子。如果婚姻不幸福，也不能把责任推卸到无辜的孩子身上。

发现孩子出现情绪问题，父母要主动做孩子"消炎止痛的创可贴"，并且暗示孩子："你可以放心地依靠我，无论发生什么事情，我永远陪在你身边。"孩子真切感受到了爱，自然就有了对抗痛苦的能力。

如果不善言辞，利用留言表达对孩子的爱

我曾在京城雅居短暂居住。房东是一个二十多岁的年轻人，一副少年老成的模样，对待租客十分热心。初次见面时，我怀疑过他的身份，没法相信像他这样的年纪，能拥有一座价值八九百万的大房子，直到查看完相关证明资料，戒心才得以打消。原来房子是他远在广州的父母买下的。他们全家迁居到了广州，留下他驻守北京，定期收取房租。

我不曾见过他的父母，但是见过他的姐姐。据他描述，姐姐是年轻有为的女企业家，已经在商界初露头角，事业和项目都在广州。谈及相关话题时，他言语之间有一股掩饰不住的骄傲，同时又流露出淡淡的失落和忧伤。我想，这可能跟他的处境有关。那时，他长期处于待业的状态，对未来没有清晰的规划。然而，父母并未因此对他区别对待，对他的爱一丝一毫都不曾减少。

第八章 用孩子的逻辑，化解孩子的坏情绪

> 有一天，他给我看了一封他的父亲写给他的家书。那封家书虽然写得朴实无华，却非常发人深省，字里行间充溢着一位父亲对儿子的殷切期望，每一行文字都承载着沉甸甸的爱。我读了之后，非常感动。我想，在无数个心潮起伏的夜晚，那封家书必然一次次温暖过他。心情郁结的时候，读读家人的叮咛与嘱咐，他也许就会茅塞顿开，肯定不会跟坏情绪纠缠不休。或许，这就是文字暗示的巨大影响力吧。

文字所蕴含的感情和信息，一点儿也不比口头语言少。作为家长，如果能利用留言，以深入浅出的形式，把亲子之爱表达出来，肯定能有效缓解孩子的负面情绪。我们东方人向来比较含蓄，无论多么深厚浓烈的感情都深藏在心里。小孩子很难感知到父母对自己的一片深情。如果父母不能用一种简单明了的方式把情感表达出来，小孩子可能觉得自己是不被爱的。文字可以避免口头表达时的肉麻和尴尬，表达爱的效果也很明显，不失为一种较为有效的表达方式。

给孩子的留言寄语，可以是简单直白的"宝贝，我爱你！"也可以是表达暖心祝福和鼓励的"愿你健康快乐每一天！"还可以是幽默的调侃："虽然你哭鼻子的模样不难看，但我还是喜欢你笑起来的样子。宝贝，你笑起来最好看了。"重要的是，要让孩子透过文字感知到父母的温暖，体察到留言背后的那份浓浓的爱。

孩子心情不好的时候，非常需要父母的体贴和关爱。遗憾的是，很多父母不善言辞，对于"爱"这个浓烈的字眼总是羞于说出口。这种情况下，文字恰好能派上用场。把想说的话写在留言板上或信笺上，抑或是便条上，放到孩子一眼可见的地方，所有的准备工作就完成了。

113

不必担心孩子看到留言之后没有反应，因为那几乎是不可能的。在孩子原本的认知里，你可能是一个寡淡、严肃的人，他根本不敢奢望心情灰暗之际能得到你的关爱。留言上的内容，必然会给他带来受宠若惊的感觉。他会感觉到自己是受重视和被爱的。你能想象他的心情有多激动吗？

孩子也有自己的小秘密，鼓励他写日记倾诉

从中学开始，我就养成了写日记的习惯。写日记是我最喜欢的一种表达方式，它以或含蓄或直白的方式记录了我的青葱岁月和成长轨迹，见证了我人生中许多重要且难忘的时刻，承载了我的欢愉、苦痛以及所有的小思绪。所以，从某种意义上说，那些流溢着情感创伤的文字比相册中泛黄的照片更有价值，也更值得细细回味。而今，翻看日记本，读读年少时期创作的朦胧诗和流水账式的记叙文，仍多有感触。合上日记本，记忆如潮水般汹涌而来，过去的情绪体验依旧鲜活如初。

那时，我积累了很多无法排解的坏情绪，除了写日记，几乎找不到更好的宣泄方式。作为一个循规蹈矩的学生，我不可能借酒消愁，也不可能通过出格的举动发泄情绪。因为性格内敛，又不爱倾诉，我没办法向身边的任何人寻求精神上的鼓励与支持。感到压抑郁结的时候，安安静静地记录发生过的事情，任万千思绪好似汩汩清泉般从笔端流淌，成了我排解烦恼的唯一手段。

第八章 用孩子的逻辑，化解孩子的坏情绪

> 在写日记的过程中，我不仅学会了如何整理自己的情绪，还通过自我暗示、自我鞭策的方式改善了自己的心理状态。可以非常肯定地说，我之所以能从情绪泥沼中挣脱，日记功不可没。虽然我的文字略带伤感，但是每篇文字都有积极的暗示语，通过积极的心理暗示，我逐渐从颓废的状态中摆脱了出来，慢慢地活成了自己认可的模样。

从心理学角度看，每个孩子成长到某个阶段，都会有自己的小秘密和小情绪，有些东西是不可能跟家长分享的。所以，某些坏情绪需要他自己面对和消化。父母看到孩子闷闷不乐似有心事，却不愿把心里的想法透露给自己，此时最好尊重他的感受，不要强求他将心灵的所有领地无条件向自己开放。如果担心他无法化解坏情绪，可以鼓励他写日记。写日记既能使孩子提升表达能力，又能使孩子厘清思绪、做好情绪管理，可谓一举两得。

假如你的孩子不擅长文字表达，你应当暗示他：写日记并非任务或负担，它是实现自我成长和自我情绪管理的工具。日记是写给自己看的，想怎么写就怎么写，不必在意文字是否优美、遣词造句是否准确恰当。只需以简单放松的心态记录生活的点滴，以真情流露的方式抒发内心的感受即可。

孩子首次尝试写日记，兴趣可能不大。父母允许他自己挑选喜欢的日记本，并在封面上留下美好的寄语，暗示：这本特别的日记，是值得珍视的心灵寄托，一定要好好对待。孩子看到精美的日记本和充满温馨色彩的寄语，可能会改变对待日记的态度。

初期，孩子无从下笔，不知道如何描述事件、表达情绪，父母可以写一篇范文供孩子参考，指导孩子写日记。需要注意的是，父母要学会尊重孩子的隐私，在没征得孩子同意的情况下，绝对不能私自翻阅孩子的日记。若是控制不住自己的好奇心，可以考虑给孩子买一本上锁并附带密码的日记本。这样，在私人空间得到充分尊重的前提下，孩子就可以自由大胆地表达了。

当孩子撒泼打滚时，冷处理更有效

在应对孩子的消极情绪方面，不同的父母之间存在明显的差异。举个简单的例子，孩子闹情绪不吃饭，有些父母会千方百计地哄劝，甚至会一边劝说一边一勺一勺地给孩子喂饭，生怕孩子饿着。这种模式很容易导致孩子学会拿捏大人，甚至一不高兴就以绝食相威胁，脾气一天天见长。同样的问题，另外一些父母选择冷处理，即自己若无其事地用餐，还故意把餐桌上的食物吃得干干净净。这样，大多数孩子只能饥肠辘辘地等待下一餐，并且再也不敢赌气不吃饭了。

在公共场所，我们可能会看到有小孩躺在地上撒泼打滚，父母对其置之不理，直到孩子自己从地上爬起，才走过来教育安抚。老人看到孩子躺地打滚时，则多半会心疼地将孩子抱在怀里，任由孩子提各种要求。相较之下，孩子会敬畏父母，但对老人则倾向于各种要挟要赖。

为什么孩子软硬不吃时，冷处理更有效呢？这是因为大人不参与的行动给出了这样的暗示信息：无论你怎么发脾气，我都不会让步和妥协。你惯用的那套小伎俩对我来说完全无效。孩子知道无论做什么都是自讨没趣，只好收敛脾气，选择采用更理性的方式应对当前的形势。

在某些情况下，孩子胡乱发泄情绪，是为了反过来控制大人，大人反应越强烈，他越觉得自己的目的能够得逞，越有兴趣重复这种行为。父母若想反制孩子，冷处理是最为实用和有效的一种方式。

需要提醒家长的是，冷处理要有度。处理方式不当可能会吓到孩子，让孩子失去安全感，变得胆小畏缩，甚至有可能给孩子带来危险。曾有这样一则新闻：在一架飞机上，一名女童哭闹不止。女童的奶奶对扰人清静感到难为情，竟同意两名陌生的旅客将女童带到厕所里进行说服教育。虽然大人没有通过打骂的方式迫使儿童安静守规矩，但是这种过度冷处理的方式，同样给孩子造成了心理创伤。一般来说，孩子在公共场所闹情绪，冷处理一定要谨慎。照顾者对孩子撒手不管，或者把孩子交给陌生人看管教育，可能使孩子产生被抛弃感，甚至有可能使孩子陷入险境。

有时候某些要求得不到满足，孩子会大声哭闹或躺在地上撒泼，针对这种情况，父母可以站在旁边守候，然后用平静的语气暗示他："无论你躺多久，我都不可能满足你的无理要求。你可以继续躺着，也可以从地上起来，跟我一起到有趣的地方玩。"孩子经过理性思考，觉得继续撒泼没有用，就会选择妥协。这时，父母顺水推舟，带孩子到他一直向往的地方娱乐放松，既有利于安抚他的情绪，也能有效避免冷处理演变成冷暴力。

总之，冷处理的时候，态度要坚决，但不能伤害孩子的感情，总体上，要做到刚柔相济，事后还要及时给予孩子温暖和关怀，最大限度地避免给孩子造成被遗弃的感觉。

最为紧要的是，不要给孩子留下冷漠无情的印象。你可以做一个严厉、不溺爱孩子的家长，但不能让孩子疏远和害怕自己。无论发生什么事情，父母都要用爱来感化孩子，不能让任何事情破坏亲子之间的珍贵感情。

在孩子胡乱发脾气后，让他为自己的行为买单

在一期反映儿童心理的电视栏目中，两个小男孩推倒沙发和座椅，把客厅里所有可移动的家具撞得东倒西歪。经过一番破坏，整个房间呈现出战后现场的既视感。家长无计可施，只能无奈地耸耸肩，因为相似的场景可能已经出现过无数遍了。心理医生看到男孩们毫无悔意，打算给他们一个教训，于是阻止家长打扫房间，强迫男孩们将屋里的所有物品归位。

兄弟俩从未想过自己闯的祸要自己收拾，因为没有先例。他们的父母总是心甘情愿地为他们善后，从来没对他们提出任何要求。而今，面对心理医生坚定的态度，他们无法拒绝，只能硬着头皮乖乖照办。

由于沙发太过沉重，男孩们搬不动，尝试了好几次，都没办法让沙发挪动一寸，他们急得哭了起来。然而，不管他们表现得多么委屈、可怜，在场的大人都没有提供任何帮助。时间一分一秒地过去，房间依旧凌乱不堪，好在两兄弟在力量耗竭之前，终于使沙发归位了。经过这件事，两兄弟学会了克制情绪，以后再也不敢任性妄为了。

这期栏目告诉我们，孩子犯错有情绪的时候，家长不宜过度袒护，而应该拿出态度来，让他们为自己的行为负责任。家长代替孩子承担责任或弥补过失，

会使孩子形成错误的认知，使孩子误以为，无论自己闯多大的祸，最后都将由父母摆平。如此一来，他会丧失最基本的责任心，事事依靠父母，稍有不如意，便胡乱发脾气。最终，父母将成为到处救火的工具人，而孩子却理所当然地享受成果。这不是任何父母希望看到的。

孩子出现不良行为，不但没有悔意，还肆意发泄负面情绪的时候，父母应当暗示他：自己的事情要自己负责，作为家长，只能帮助他改正错误，却不会代他受过，更不可能永远跟在后面帮他收拾烂摊子。

孩子故意损坏家中的器物，父母不要代为收拾，而要指导孩子把残片处理干净。由于某些器物尤其是玻璃器皿的残片比较锋利，孩子缺乏必要的生活常识和生活经验，稍有不慎便有被割伤的风险，父母一定要细心指导孩子完成相关工作，不能坐视不理。孩子在学校闯祸，父母可以教导他向老师和同学道歉，但不能代替他道歉。应该让孩子面对的事情，父母必须狠下心来，逼迫他面对，不能因为过度的保护欲，而使孩子错失成长的机会。

对于年龄尚幼的孩子，父母虽然应当承担起监护人的职责，但不能无条件揽下其所有过错。在教育孩子的过程中，父母一定要让孩子知道，错误是他犯下的，责任应当由他来承担。发脾气闹情绪解决不了任何问题，要想解决问题，必须采取相应的行动和措施。

孩子行为不当，认错态度又不好时，父母一定要克制好自己的情绪。倘若处理不好自身的情绪，带着情绪去表达，话说得再有道理，孩子也听不进去。父母必须主动营造一种相对宽松的谈话氛围，才有可能达到预期的沟通效果。

面对孩子，多谈感受少谈回报

从儿童心理学的角度看，父母过分看重日后可能获得的报答，反复暗示孩子：我们现在的付出是有条件的，将来必须等量偿还或加倍偿还。孩子大概率会对这份爱产生怀疑，甚至有可能把亲情解读为赤裸裸的交易，这种解读不仅会使孩子出现严重的情绪问题，还有可能使孩子患上各种心理疾病。

> 电视剧《天道》中，丁元英对自己的老母亲说："妈，如果您养儿就是为了防老，那就别说母爱有多伟大了。您养来养去就是为了自己，那是交换，等不等价还难说，碰到我这么个不孝顺您的就算赔了……"一个成年人尚且对母亲索求报偿的行为耿耿于怀，更别提心理脆弱的小孩子了。

小孩子的心灵是纯粹的，大多数孩子都是无条件地爱着自己的父母的。孩子闹情绪，极有可能是因为感受不到来自父母的爱。厚重含蓄的父爱，柔情似水的母爱，对儿童和青少年的成长极为重要。一个人在生命早期，越能感受到舐犊情深的本能之爱，情绪越稳定，心理越健康；反之，完全感受不到父母的爱，就很有可能丧失爱人的能力，进而影响到人生观、价值观的建立。

父母绝不能暗示孩子："我对你好，本质上是为了我自己。""我花费高昂的成本培养你、严格要求你，是为了利己。"如果让孩子觉得，父母的辛苦抚养和栽培，是为了让父母自己过上老有所依的生活，或仅仅是为了满足虚荣心，那么孩子就会对父母感到无比失望。毕竟无论大人还是孩子，谁都不愿意被当成工具人对待。

当父母发现孩子在学校表现平平，最好不要问孩子："你成绩那么差，对得起我吗？"因为这样做不仅会激发孩子的负罪感，还可能会给孩子带来消极的暗示：你必须用漂亮的成绩单回馈我的辛苦付出，如果做不到，我就会收回全部的爱。孩子感受到威胁，大多数情况下不会更加卖力地学习，相反，他可能变得异常冷漠，从此不再对父母抱有任何美好的期待。

孩子情绪不好、说话伤人时，父母最好不要用传统的教条和孝道压制孩子。待孩子情绪恢复平静之后，父母不妨谈谈自己的感受："你刚才那样说，我感到很受伤。"大方地承认自己在情感方面受到的伤害，不是为了博得孩子的同情，也不是为了以"我弱我有理"的架势占据道德制高点，而是为了让孩子学会换位思考，明白自己的言行给他人造成的伤害。孩子若是真的在乎父母，以后就会有意识地克制自己的情绪，无论心情有多么糟糕，都不会再对父母肆意发泄。

第九章

教会孩子对校园霸凌勇敢说"不"

——使孩子远离伤害的暗示法

如今,校园霸凌已经不再是学生间的小打小闹,已然上升为校风校纪问题和法律问题。因为霸凌行为既侵犯学生的人身安全和人格尊严,又伤害学生的身心健康,甚至会对学生的一生产生消极影响。学校和家长对此都极为重视。父母发现孩子遭受霸凌后,要学会采用恰当的暗示法,帮助孩子摆脱危机,勇敢应对校园霸凌。

消除孩子心中的顾虑，鼓励孩子勇敢面对霸凌

网络上曾曝光这样一则事件：一名六年级的小学生遭到同学霸凌，大腿被扎得伤痕累累，校服裤子上留下无数细小的针孔。家长发现后，愤怒地到学校交涉。经过记者曝光，类似案件才得到广泛关注。

霸凌涉及的因素很多，阻止霸凌的手段绝不仅限于向老师报告。解决霸凌问题，既需要学校的努力，也需要家长采取恰当的措施。很多孩子之所以长期遭受校园霸凌，大都与家长的粗心和不作为有关。有的家长长期忽视孩子的成长，完全不了解孩子正经历的事情；有的家长固执、强势、不好沟通，孩子在外面受了欺负，回家不敢吭声，直到造成无法挽回的悲剧，家长才如梦初醒。

那么，父母究竟该怎么做，才能避免悲剧的发生呢？怀疑孩子遭受霸凌，不妨从蛛丝马迹中寻找证据，证实自己的猜测。发现孩子突然变得情绪低落、焦躁不安，一定要予以重视，这可能是孩子正遭受同学欺凌的信号；发现孩子变得胆小，莫名恐惧上学，也要高度警惕，这也有可能是孩子正遭受校园霸凌的反常表现；看到孩子身上有淤青和伤痕，一定要弄清他为什么会受伤，这极有可能是他挨打的证据。

如果孩子不敢吐露实情，父母可以暗示孩子："不要怕，爸爸妈妈有办法帮你解决问题。"倘若孩子犹豫不决，没有勇气交代全部的实情，父母可以采用较为迂回的谈话方式，鼓励孩子分享霸凌的信息。比如，可以考虑通过开放式提问的方式，向孩子套取有价值的信息。相比于封闭式对话，开放式提问更加灵活自由，可以在一定程度上减轻孩子的心理压力，让孩子主动分享重要信息，进而降低沟通的难度。最好不要直接追问孩子霸凌的具体情况，如果孩子讲话吞吞吐吐，不愿意如实回答，可以间接地询问孩子最近情绪和行为出现异常，背后的原因究竟是什么。例如："这两天你为什么抗拒上学呢？""这段时间你

好像很不开心,有什么心事吗?"

跟孩子沟通时,父母要反复暗示孩子:"你是安全的。你可以放心地说出心中的秘密。"同时暗示孩子,作为家长,自己一定会介入此事,进而帮助他讨回公道。这样一来,就等于变相为孩子消除了孤立无援的恐慌感。孩子感受到被理解和支持,必然不会继续隐瞒被霸凌的事实。

确定孩子遭受了霸凌,父母一定不能过于激动。因为父母反应过激,孩子可能担心事情朝着失控的方向发展,在向校方反映情况时,可能保持沉默或故意不配合。因此,鼓励孩子勇敢说出自己被霸凌的真相很重要,然而在处理事件的过程中,消除孩子的心理顾虑是更值得认真考虑的问题。父母必须让孩子觉得自己能够妥善处理好此事,才能将孩子拉进同一阵营,促成事件的圆满解决。

当孩子不能直言委屈时,要读懂孩子的求助信号

罗狮杰是个高大魁梧的壮汉,行走在街头非常引人注目。如果没有特殊原因,大概谁也不敢挑衅他。然而,小时候他却因为身材而烦恼。那时他长得又瘦又小,明显比同龄人发育缓慢。班上的男同学见他弱不禁风,就合起伙来欺负他。有一次,他们居然把他扔进了垃圾桶。那天,他浑身脏兮兮地回到家里,把学校里发生的事一五一十地告诉了母亲。他不明白别人为什么要像对待垃圾一样对待他,母亲教诲道:"不必在乎别人是否喜欢你,只要你能够认可自己就好。"这句

话成功治愈了他,从此无论别人怎么看待他,他都不会轻看自己,因为有了自信,他从此再也没被欺负过。

许多被霸凌的孩子并不会像罗狮杰那样直接向家长求助,却会有意无意地释放求助的信号。父母仔细留意相关信号,才能及时发现问题。一般来说,孩子穿着肮脏或破损的衣物回家,是在无意识地向家长求救。假如孩子有意掩盖事实,就会想方设法清洁或修补衣物,绝不会把狼狈的一面展示给家人看。发现异常之后,父母一定要立即表示关切,可以暗示孩子:"我会为你做主。不管谁弄脏或撕坏了你的衣服,我都会让他向你道歉。类似的事情绝不会再次发生。"

有时候,孩子和家长交谈时欲言又止。这时,孩子可能正处于矛盾和纠结的状态中,发出的求救信号时断时续,且十分微弱。父母只有足够细心,才能及时接收相关信息;若是失察,就会错过帮助孩子摆脱霸凌的机会。父母发现孩子有话要说,却犹豫着不敢开口,要暗示孩子:"有什么话,你都可以跟爸爸妈妈讲。无论发生什么事,爸爸妈妈都会无条件地支持你和帮助你。你什么都不必顾忌,也不必害怕。"

某些情况下,霸凌者会向孩子索要金钱。孩子不敢违背对方的意愿,往往会开口向家长要钱,凑不够钱数,就只能偷钱交差。父母发现孩子频繁向自己要钱,又说不清用途,抑或近期有盗取家中财物的行为,一定要马上跟孩子沟通。千万不要指责孩子不懂事,而要弄清孩子急需钱财的真相。孩子若不肯主动交代,父母可以采用旁敲侧击的方式询问:"可不可以告诉我,你为什么突然要用那么多钱?""有人向你要钱吗?"

孩子频繁提到某个同学,并抱怨那个同学故意针对他,父母要马上询问相关细节,因为那个同学极有可能是霸凌孩子的人。有的父母因为认知的局限性,可能误读相关信息,误以为同学之间发生矛盾和摩擦再正常不过,家长没必要干预。事实上,孩子不会无缘无故发牢骚,他频频抱怨某个同学故意伤害自己,肯定是在向家长求助。作为家长,一定要认清状况,及时给予孩子必要的帮助。

霸凌不分大小,"小打小闹"也可能是霸凌

  李明是班级里一个成绩普通的学生,性格内向,不善言辞。然而,他的同桌张强却是个"小霸王",经常在班级里横行霸道。张强经常拿李明开玩笑,说些看似无伤大雅的调侃话,比如"你这铅笔怎么这么丑?""你写的字像蚂蚁爬!"等。李明听到这些话心里十分难受,但由于性格的原因,他只是默默忍受。

  然而,随着时间的推移,张强的"玩笑"越来越过分。他开始在课间休息时故意撞李明,还大声嘲笑说:"看看你,走路都不会!"周围的同学看到后,有的跟着起哄,有的则默默走开。有一次,张强甚至把李明的作业本撕得粉碎,还当着全班同学的面说:"这种水平的作业,撕了也不可惜!"李明心里难受极了,他开始害怕上学,害怕面对张强的目光,害怕听到那些刺耳的笑声。这种看似"小打小闹"的行为,慢慢成为他心中的阴影,让他对校园充满了恐惧。

  李明的父母发现了他的异常,经过耐心询问,才得知真相。他们决定和老师沟通,寻求帮助。老师知道这件事后严肃地批评了张强,并在班上开展了一次关于"尊重他人"的主题班会。

暗示的力量：唤醒孩子的内驱力

> 校园本应是充满温暖和友爱的地方，哪怕是"小打小闹"，也可能成为伤害他人的利刃。只有让学生学会尊重和理解，才能让校园真正成为每一个孩子的乐园。

校园霸凌有多种表现形式，拉扯、推搡、掌掴、殴打等肢体欺凌，都是侵犯身体的行为。有些成年人可能因为孩子没有受到严重伤害，而不把这些行为解读为校园霸凌。可是对小孩子来说，轻微的肢体欺凌，同样会惊吓到他，甚至有可能给他造成难以抚平的精神创伤。因此，当孩子抱怨自己被同学推倒在地，或是被击打了一下，家长千万不要暗示说："这些都是小打小闹，没什么大不了。"而要温柔而坚定地告诉他："不管谁欺负你，你都不能忍气吞声。受到欺凌，要第一时间告诉爸爸妈妈和老师。""被打不能说明你弱小，你要相信，你有能力维护自己的尊严。面对霸凌者，一定不能在气势上输给他。"

有些家长害怕冲突，遇到问题不敢面对，只想息事宁人，得知孩子在学校受了欺负，不考虑怎样交涉，却想本着"大事化小，小事化了"的原则，迅速消除事件的影响。这对孩子来说，无疑是二次伤害。家长胆小怕事不作为，还把校园霸凌解释为小打小闹，无疑是在暗示孩子："发生在你身上的事，我不在乎。我不想惹事，你最好忍着，也别惹事。"孩子受到这样的对待，会觉得自己被抛弃了，更加不敢对抗霸凌者了。

孩子力量弱小的时候，一般会把父母当成自己的守护者。父母一定要扮演好守护者的角色，不能忽视孩子受到的任何伤害。如果你理解不了孩子的世界，不妨转换思路，想想成年人之间的欺凌现象。试想一下，一个成年人行走在街头，无缘无故挨了一拳，他会善罢甘休吗？他会觉得自己的遭遇不值一提吗？答案当然是否定的。孩子的处境也是一样。霸凌是不分年龄的。父母不能因为

第九章 教会孩子对校园霸凌勇敢说"不"

孩子年龄小,就歪曲或故意淡化霸凌的性质,发现孩子被欺负了,必须实事求是地告诉孩子,他受到了欺侮,同时暗示孩子:受欺负不可怕,只要敢于面对,事情总能得到妥善解决。

告诉孩子:被霸凌不是他的错,有错的是霸凌者

一个人欺负另外一个人其实不需要任何理由。《伊索寓言》中有这样一则故事:狼看到小羊在溪边喝水,想要吃掉小羊,于是跑过去兴师问罪道:"你把我喝的水弄脏了,究竟安的什么心?"小羊抬起头,礼貌地解释道:"亲爱的狼先生,这是不可能的呀!您站在上游,我站在下游,河水不能倒流,我怎么能把您喝的水弄脏呢?"狼说不过小羊,就狡辩说:"就算你说的是真的,可你总是个坏家伙。我听说,你去年没少在背地里讲我的坏话。"小羊眨着眼睛,大喊冤枉:"这不可能啊,去年我还没出生呢。"狼不想再做口舌之争,大吼道:"小坏蛋,说我坏话的不是你,就是你爸爸。反正都一样!"说完,狼恶狠狠地扑向小羊。可怜的小羊来不及挣扎,便成了狼的果腹之物。

这则寓言故事揭示了一个朴素而简单的道理:欲加之罪,何患无辞。别人想要欺负你,可以找到万千的借口,也可以随机找碴儿,但不需要切实的理由。所以,小孩子被霸凌,并不是他的错。真正有错的是霸凌者。

很多人认为，被霸凌的孩子自身存在或这样或那样的问题，比如：长得太胖、太瘦或太矮，与身边的同龄人不协调；过于木讷老实、气场太弱，给人以好欺负的感觉；性情孤僻不合群；等等。这些特征是他们被选中的原因，却不是他们应该被欺负的理由。客观来说，长相和性格没有好坏之分，与周围人不一致，也不是过错。如果你的孩子因为类似的原因遭受了霸凌，你必须告诉他：这不是他的错。

孩子可能因为霸凌者的嘲笑对自我产生怀疑，觉得麻烦是自己招来的。这时，父母应当暗示：霸凌者可以找借口欺侮任何一个他看不顺眼的人。这不是受害者的问题。发现孩子受霸凌后，父母首先要运用同理心理解孩子。被欺侮的孩子可能责怪自己没有自我保护能力，痛恨自己懦弱，这种情况下，父母要学会开解孩子，告诉孩子："每个生命都值得被平等对待。""别人欺负你是他不对，千万不要因为别人的过错惩罚自己。"父母可以教导孩子采用合理的方式和途径维护自身的尊严和基本权益。

很多家长在孩子被打后教孩子"打回去"。教孩子回击，可以让孩子在反击的过程中找回自尊和底气，可是，假如霸凌者力量比自家孩子强大，或是霸凌者不是单独一个人，而是一群人，这种方法不仅不管用，还会给孩子招致更严重的伤害。因此，校园霸凌发生后，家长必须介入，不能把难题全部抛给孩子。

赢得孩子的信任，做孩子最坚实的后盾

小林是一个性格温和、有些内向的小男孩，他总是安静地坐在教室的角落里。班里有个叫阿豪的男孩，是那种在学校里"人缘很广"

第九章 教会孩子对校园霸凌勇敢说"不"

的孩子,但他的"人缘"更多是建立在别人的畏惧之上。阿豪喜欢欺负那些看起来弱小的同学,而小林成了他的"目标"。

有一次,阿豪把小林堵在了教室的角落,大声威胁他:"明天给我带50块钱,不然有你好受的!"小林吓坏了,他不知道该怎么办,也不敢告诉父母,因为他害怕阿豪会报复他。就这样,小林只能乖乖听从阿豪的话。慢慢地,阿豪变本加厉,不仅三番五次向小林要钱,还总是推搡、嘲笑他。小林开始整夜睡不好觉,上课也心不在焉,状态越来越差。

很快,小林的妈妈发现了他的异常。她耐心地询问小林发生了什么,小林一开始还很犹豫,但最终还是忍不住哭着把事情告诉了妈妈。

妈妈听后非常心疼,她立刻联系了小林的班主任,并详细地讲述了事情的经过。班主任非常重视,立刻和阿豪的家长进行了沟通。阿豪最终受到了应有的教育和惩罚,他意识到自己的错误,并向小林道歉。

小林恢复了往日的开朗,他开始主动和其他同学交流,也结交了新的朋友。他明白了,当遇到无法独自解决的问题时,向大人寻求帮助并不是软弱,而是勇敢的表现。

在自然界中,幼崽是没有自我保护能力的。猎豹幼崽的存活率很低。狮子、鬣狗等食肉动物经常趁母豹外出的时候,捕杀小猎豹。有时,岩蟒也会以猎豹幼崽为食。人们不会想到,迅捷如闪电、咬合力惊人的猛兽,小时候居然那么孱弱和不堪一击，稍不注意，就会沦为天敌的美食。可事实就是如此，没有母豹的保护，小猎豹是不可能安然长大的。人类同样如此。每个小孩子在成长过程中，都需要养育者的庇护。

作为家长，万万不能掉以轻心，发现孩子被霸凌了，一定要暗示孩子：你是他的依靠。你是他的守护者。如果他遇到问题，一定要向你求助。

平时，你可以这样告诉孩子："宝贝，别怕，有妈妈在，谁也不敢欺负你。""你不孤单，爸爸会陪你一起应对困难。""你是妈妈的宝贝，妈妈一定会全力保护你。""无论发生什么事情，爸爸妈妈永远都是你最坚实的后盾。"

如果孩子遭受霸凌选择默默忍受，没有向家人求助，父母应当反思。孩子这么做，肯定有他自己的理由。他可能认为家长会埋怨自己窝囊，或者不想让家长担心。他也可能认为，家长的干预没有力度，不能改变任何事情，所以不愿意去做无效沟通。换言之，假如孩子觉得家长做不了自己的后盾，或者不能提供任何实质性帮助，就会对发生在自己身上的事情闭口不谈。遇到这种情况，家长必须改变态度，重新获得孩子的信任。只有赢得了他的信任，他才会跟你分享秘密，校园霸凌的黑暗一角才能被揭开。

该报警时就报警，为孩子打造安全屏障

某校的五名学生对同校的一名学生实施了辱骂、殴打和逼迫下跪等侮辱行为，同时还辱骂、殴打了另一名女生。后经鉴定，两名受害人的伤情已构成轻微伤，正常学习和生活也受到了影响。法院经过审

第九章 教会孩子对校园霸凌勇敢说"不"

> 理，认定五名加害人侵犯其他公民人身权利，构成寻衅滋事罪，判处他们十一个月至一年不等的有期徒刑。

校园霸凌不是孩子之间的小纠纷，情节严重的，霸凌者需承担相应的刑事责任，情节轻微的，打人者也要受到校规惩处。无论是国家、社会还是学校，都已经采取了针对校园霸凌的反制措施。作为家长，非常有必要向孩子普及相关常识。你可以暗示孩子：校园霸凌违反校规，触犯国家法律，受害者有权拿起法律武器保护自己。

校园霸凌发生后，父母到学校交涉，或者直接报警，都是十分有效的反霸凌措施。父母的积极干预，对孩子来说至关重要。联合校方和公安机关共同惩治霸凌者，有助于为孩子打造安全屏障，保障孩子后续的学习生活。此外，父母积极反霸凌的做法，对孩子的成长来说，可以起到正确的示范作用。它无疑是在暗示孩子：受到不公正的对待，要采用合理合法的途径保护自己，以正对不正时，绝不能退缩。在法治社会，法不能向不法让步。

有的家长害怕事情闹大，不仅不肯为孩子维权，还阻止孩子维权，这么做相当于暗示孩子：自身权益受到侵犯时，不能反抗，不能维权，只能自己吃哑巴亏。在这种消极暗示的影响下，孩子会养成唯唯诺诺的性格，在日后的人生道路上将受到更严重的欺侮和更多的伤害。

许多家长在霸凌事件发生后，倾向于向霸凌者的父母讨要说法，这种做法也有一定意义。假如孩子受到的伤害没有严重到非报警不可的地步，两个家庭的交涉和调停，确实也有助于解决纠纷。

冲冠一怒不能解决问题，孩子需要心理安慰

肢体暴力是校园霸凌常见的表现形式，它是一种显性的侵犯，能让人快速识别。相比之下，言语的欺凌、当众嘲笑与辱骂、团体孤立，则比较隐蔽，有时连受害者也意识不到自己被霸凌了。

> 苹果公司的创始人乔布斯童年时代也曾遭受过严重的霸凌。与很多孩子不同的是，他对显性侵犯和隐性霸凌都非常敏感，并且十分及时地把自己的不幸遭遇告知了父母。
>
> 在乔布斯上七年级时，他所在的克里滕登中学环境恶劣，霸凌现象严重。乔布斯回忆说，那里的学生经常打架、敲诈，甚至携带刀具上学。作为一个智力超群但社交能力较弱的孩子，乔布斯在这样的环境中备受欺负。于是，他向父母反映学校的糟糕环境，并坚决要求转学。
>
> 面对孩子的困境，虽然乔布斯的父母收入有限，但他们还是倾尽所有在更好的学区购买了一套房子，并让乔布斯转到了更好的学校。这一决定不仅改变了乔布斯的校园生活，也为他未来的成长奠定了基础。
>
> 乔布斯后来回忆说，他的父母对他的支持和理解是他一生中最宝贵的财富。他们的爱和包容让他在面对困难时始终有勇气坚持下去。这段经历也深刻地影响了乔布斯的性格和价值观，让他在日后的人生中始终保持着对完美的追求和对人性的尊重。

第九章 教会孩子对校园霸凌勇敢说"不"

> 乔布斯父母给予他的情感暗示是：不要因为受到霸凌变得麻木不仁或愤世嫉俗。遭受不公正的对待，不要害怕，我们会支持你、鼓励你，以实际行动帮助你解决一切问题。

如果你的孩子遭遇过同样的事情，你可以考虑采用情感性暗示，帮助他走出心理阴影。情感性暗示又称情绪性暗示，是指一个人的情绪状态对另外一个人产生的影响。比如，一个人感到情感受伤时，你对他报之以友善的微笑，他的心情会迅速转好。因为你的快乐和善意会传染给他。因此，孩子遭受隐性霸凌，心灵受到伤害时，你可以利用积极的情感性暗示，把乐观积极的态度传递给他。

父母知道孩子正遭受校园霸凌，肯定会感到心疼和愤怒，这时候握拳咬牙或是目露凶光，都是比较正常的反应。但在孩子面前，父母还是克制一些比较好。因为此类反应对孩子来说，是一种错误的情感性暗示，无形之中，你会把仇恨和愤慨全部传递给他。值得注意的是，正经历隐性霸凌的孩子，需要的是心理安慰，不是冲冠一怒。所以，与孩子目光交流时，父母要投射柔和温暖的目光。因为你用治愈的眼神看向孩子，孩子会感觉到自己被治愈，这么做有很好的疗愈作用。

第十章

社交是孩子一生的必修课

——帮助孩子应对社交难题的暗示法

社交能力是人后天习得的能力。天生内向爱脸红的孩子,如果掌握了足够的社交技巧和一般性社交法则,也能交到高质量的朋友。父母在帮助孩子应对社交难题的时候,要保护好孩子的童心和纯洁的品性,使孩子充分享受友谊的快乐。

与陌生人打招呼没那么重要，不要强迫孩子

孩子在陌生人面前有畏怯忸怩的表现，是基于与生俱来的自我保护本能。婴幼儿时期，孩子只熟悉照顾者，被陌生人抱起通常会吓得哇哇大哭。长到一定的年龄，孩子学会了识人辨人，不过对陌生面孔依旧警惕，一般不习惯跟不认识的人打交道，因为他们不能分辨生人是否值得信任。成年人讲求礼数没有错，但不能苛求孩子。

不少家长因为孩子拒绝跟长辈打招呼而烦恼，总是忍不住责备孩子没礼貌。这种反应对孩子来说，是一种无形的伤害。父母的表情、言语，无一不是在暗示孩子，他不是一个讨人喜欢的孩子。孩子可能因此产生羞愧、挫败的感觉，从此更加抗拒打招呼。假如消极影响没有及时消除，孩子长大后也会排斥主动与陌生人打招呼和交谈，这无疑会影响到他日后结交新朋友。

很多成年人在熟人面前言笑自若、谈吐自然，可是面对生人，立即局促起来，有时会一声不吭。这些人前后表现判若两人，这可能与童年时期被家长逼着跟陌生人打招呼有关。不可否认的是，有些人的社交障碍是家长间接或直接造成的，所谓的童年阴影可能是家长无意中造成的。

逼迫孩子打招呼不可取，但走亲访友，不打招呼终归不妥当，怎么做才能既不伤害孩子又能顾全礼数呢？很简单，家长可以先把孩子和亲友互相介绍给对方，让双方稍微熟悉之后，再看孩子的反应。介绍亲友时，家长可以这样说："这是妈妈的妹妹，你应该叫小姨。"孩子虽然有些羞怯，但出于基本礼貌，也会说声"小姨好"。在介绍环节，最好不要催促孩子："快叫人啊！快说小姨好！"因为大人急迫的声音，可能给孩子的心理造成压力，他会因此更加恐惧打招呼。

与陌生人打招呼，虽然也是社交生活的一部分，但对孩子来说并没有那么

重要。父母不必过分在意孩子是否能热情大方地与陌生的亲友打招呼，因为与陌生人亲近，本身违背孩子的本能和天性，家长本来就不该强求孩子做到。孩子不愿意配合，要尊重他的意愿，最好不要强人所难。

纠正孩子的走路姿势，让他抬头看世界

每个人都有自己独特的行走方式，除去步幅和摆臂节奏的区别，人们的步态也是不一样的。一个人走路的姿态，既可以反映他的性格和心理，也可以折射出他对外界的态度。一般来说，走路总是低头垂肩或弯腰驼背的人普遍缺乏自信，这类人对外界的防御心理比较强，在社交方面通常处于劣势。

> 小的时候，我习惯低头走路。遇到围墙或障碍物，就贴着墙根的边沿走，即便穿着沉重的鞋子行走时也不会发出任何声响，匆匆而过时，犹如一只长了肉垫可自动消音的猫。我这一系列表现都是无意识的，很长一段时间里，我都未留意过这种现象。直到有人质疑我的步态，调侃我低头走路是为了捡钱。后来，姑姑深究背后的原因，直截了当地告诉我，我之所以那样走路，是典型的自信心不足的表现。接着她花了好几天时间纠正我的步态，让我抬头挺胸、目视前方，大大方方地行走在大路中央。这个微小的改变，对我意义重大。我想，成年后的我能走出孤独自闭的状态，部分归功于那段独特的经历。

自信的孩子走路都是昂首挺胸的，步伐也是铿锵有力的。假如你的孩子有

低头走路的习惯，而且行走时总是佝偻着身子，说明他内心很胆怯，不具备平视世界和平视他人的自信和力量。父母不妨从矫正他走路的姿势入手，帮助他克服心理障碍。

客观来说，自信的底气和个人魅力，不是短时间内能激发出来的。但是，运用恰当的心理暗示，引导孩子先做出自信昂扬的姿态，也能帮助他积极地改变。心理学上有句格言说得好："相信你是谁，你就有可能成为谁。"一只猫如果相信自己是只软弱的病猫，那么它永远都是一只病猫。同样的一只猫，如果把自己看成猛虎，那么纵使变不成真的老虎，也能活出王者风采。所以，==帮孩子纠正行走姿态时，可以时不时地暗示他：抬头看世界，自信地面向每一个人。==随着时间的推移，你会发现，孩子改变了走路姿势，整个人的精神状态也不一样了。别人对待他的态度也跟着发生了改变。以前，或许没人想跟他做朋友，而今，已有同学愿意尝试着与他交往，原因无他，当他开始打开心扉，接纳自己和周遭的世界，整个世界都会对他报以微笑。人与外部世界的互动就是这么微妙。

害羞不是缺点，不要给孩子贴标签

害羞是一种中性的性格特征，不是人格缺陷，甚至连缺点也算不上。很多人认为害羞的人不擅长社交，缺乏最基本的表达能力和沟通能力。然而事实并非如此。

> 一位广告公司的老板生性内向害羞，平时不怎么爱说话，为人非常沉静谦和。但是，每次讨论重大决策，他都能一语中的，说话总是

第十章 社交是孩子一生的必修课

> 一针见血，见解鞭辟入里。大家都觉得他用词精准、逻辑无懈可击，谁也没有怀疑过他的表达能力。由于他平易近人，待人比较随和，公司里所有的员工对他的印象都很好，所以，不曾有人怀疑过他的社交能力。可见，害羞的人只是不爱多言，不等于不会说话、不懂社交。

安静内敛的人往往都是很好的倾听者，且乐于为他人保密，非常适合深交。由此可知，害羞的人不见得没有朋友，相反，他们可能有不少高质量的密友。很多父母不理解孩子为什么害羞，错误地认为，害羞的孩子一定缺乏自信，或是一定有性格缺陷。这个标签是不公平的。不少害羞的孩子对自我有清晰的认知，他们大都内心平静，知道如何与自己相处，如何与他人相处，之所以少言寡语，可能是因为不喜欢说话，或者仅仅是因为天生喜欢安静。

发现孩子容易害羞时，父母千万不要暗示孩子："害羞是有问题的""害羞是一种病态"，或者"害羞的人不受欢迎。大家都喜欢活泼开朗的人"。事实上，只要你的孩子懂得与人进行眼神交流，待人接物有礼貌，你就没有必要过度担忧。如果孩子存在严重的交流障碍，回避目光接触，在与人交往的过程中表现得极为不自在，这种情况就需要加以警惕。

如果你的孩子与人交往时总是脸红害羞，你应当鼓励他大胆交友，而不是盲目地给他贴标签。负面标签、负面暗示，会降低人的自尊水平，而低自尊的孩子很难克服心理障碍，无法实现自由交流。因此若想帮孩子摆脱社恐状态，不仅不能给孩子贴标签，发现别人给孩子贴了负面标签，还得开导孩子将所有不好的标签统统撕掉。不是所有的孩子都擅长社交。社交是后天习得的能力，它不是由天赋决定的。脸红害羞的孩子经过心理调适，也有可能成为社交达人。父母不要过早地给孩子定性。

其实，害羞并不是一种消极品质，人前爱脸红也不是什么大事。孩子尚小时，社会化不足，可能呈现出这种状态。随着社交活动的增加和社交范围的扩大，有些孩子会主动适应环境调整自己，逐渐变得活跃。少数孩子长期处于社恐状态，针对这种情况，父母可以考虑带孩子去看专业的儿童心理医生。把专业的事交给专业的人办，事情往往可以得到更圆满的解决。

对于畏首畏尾的孩子，要多多包容和引导

父母都希望自己的孩子活泼健谈，因为能说会道的孩子朋友多，社交能力强，长大后更容易融入社会，职业发展也往往更顺利。可是，不是每个孩子都敢于表达自己，有的孩子在课堂上不活跃，课下也不跟同学玩耍、说笑，大多数时候都沉默无言，仿佛只沉浸在自己的世界中，这是怎么回事呢？

社交障碍的产生既有先天原因也有后天原因。孩子性格内向，在成长过程中难以适应群体生活，可能是先天因素所致。现实生活中，这种情况并不多见。大多数孩子畏惧社交，都与后天的成长环境有关。

有一对年轻的夫妇腾不出时间陪伴年幼的孩子，孩子变得越来越内向，慢慢向自闭的方向发展。后来，无论谁跟他说话，他都沉默不语，好像丧失了语言功能一般。父母这才认识到问题的严重性，带着孩子去看了儿童心理医生。在心理咨询室，仅仅治疗了几次，孩子就开口说话了。孩子解释说，因为爸爸妈妈长期不理会他，他习惯了没有语言交流的世界，才不想说话的。夫妻俩悔不当初，从此把大部分

> 时间都投放到了和孩子的互动和交流上。他们的付出很快有了成效，孩子越来越爱表达，性格也越来越开朗了。

发现孩子在人前畏畏缩缩，讲话吞吞吐吐，甚至不敢开口，家长不要马上责备孩子。因为很少有孩子天生不爱说话。孩子存在社交障碍，与家庭环境和抚养方式密切相关。单方面责怪孩子，对孩子来说，是非常不公平的。发现孩子有社交障碍，父母要有意识地改变与孩子的相处模式和教育方法，与此同时，可以采用轻松的语气暗示孩子："没关系的。不是每个人都天生健谈的。""话不多不要紧，你只要敢于表达自己的想法就可以了。""别人主动跟你说话的时候，你要有所回应。这是一种友善的表现，也是一种礼貌。"

对于在社交中畏首畏尾的孩子，父母要多多理解和包容。孩子表现不佳时，父母尽量多说一些鼓励的话，千万别粗暴地否定孩子，别在任何人面前暗示："这孩子不行，连句话都不会讲，不知道将来能干什么？"

人的性格是有可塑性的，对于孩子不能急于盖棺定论。他的人生还有无数种可能，父母应暗示孩子："人都有主观能动性，只要想改变就能改变。"假如孩子陷入认知误区，抱着"我就是这样的人，我永远都是这样的人"的错误观念不放，缺乏自我突破的意愿，父母需要花更多的时间纠正孩子的观念。

除此之外，家长应以身作则，以积极的态度开展社交活动，给孩子做出正确的示范，并反复暗示孩子："其实交朋友这件事并没有那么难。"发现孩子交到了朋友，父母要马上给予肯定。如果孩子因不善言辞，朋友数量少，而怀疑自己的社交能力，父母应做出暗示："朋友在精不在多，友谊的质量不能用朋友的数量来衡量。交到两三个特别要好的朋友，你应当感到庆幸，而不该自寻烦恼。"

孩子不参与集体游戏，等于拒绝社交

小孩子的社交活动是在游戏中完成的，因此，从某种意义上说，不参与游戏，就等于变相拒绝了社交。

> 华为公司创始人任正非小时候家庭经济条件并不宽裕，但他的父母非常重视教育，坚持让任正非和兄弟姐妹接受良好的教育。在这样的家庭环境中，任正非从小就展现出开朗活泼的性格，喜欢交友，也非常爱玩。
>
> 在童年时期，任正非和小伙伴一起下河摸鱼，或是在河边的空地上玩捉迷藏、丢沙包等游戏。这些游戏不仅让他享受到了童年的乐趣，还极大地锻炼了他的社交能力和表达能力。在游戏中，任正非学会了与不同性格的孩子相处，也学会了团队合作和竞争，这些经历对他后来的性格培养起到了至关重要的作用。
>
> 任正非的童年游戏经历，让他在成长过程中逐渐形成了自信和开朗的性格。与他家庭背景相似的孩子往往比较被动，不敢表达自己，社交能力较弱。但任正非却不同，他从小就能在游戏和社交中找到自信，这种自信和开朗的性格一直延续到他的成年时期，成为他日后创业和领导华为的重要性格基础。

虽然人们普遍认为，参与集体活动对于社交是有好处的，但不是每个孩子都有勇气加入集体。如果你的孩子喜欢自娱自乐，或是不敢加入集体游戏，你要暗示孩子："只有加入游戏，才能交到好朋友。"孩子如果没有表现出明显的抗拒，你可以有意识地安排孩子与集体接触，激发孩子参与集体活动的热情。倘若孩子胆怯畏缩，没有办法大大方方地与其他小朋友玩耍，你可以让他先与亲朋邻里间的同龄人交往，并安排他们在社区或附近的广场游戏，也可以邀请孩子们到自己家里做客，然后主动提供玩具和游戏道具，指导孩子以东道主的身份陪伴小客人共同体验游戏。

除此之外，还可以鼓励孩子参加校内外组织的兴趣小组。兴趣小组不仅可以帮孩子找到志同道合的小伙伴，还能在一定程度上扩大他的社交范围，对于孩子的交友，是非常有利的。一般来说，小孩子都喜欢和与自己脾气相投的人在一起愉快地玩耍。通过兴趣小组认识的玩伴，可能比在学校里随机选择的玩伴更适合陪伴孩子玩耍和成长。更为重要的是，兴趣小组组织的团体游戏和社交活动，有助于培养孩子团队合作的能力，同时又可以激发孩子的集体荣誉感，好处不言而喻。

需要注意的是，孩子参加集体活动的安全性必须有保障。一般来说，年龄太小的孩子不适合户外探险。父母要提醒孩子："任何时候都不能脱离大人到野外冒险"，同时对孩子进行必要的安全教育和生命教育，教导孩子远离水域和其他危险区域。

协助孩子建立社交网络，但不要强硬干涉

西恩·潘执导的《荒野生存》改编自真实事件，主人公是一名年轻的名校高才生。因受够了成人世界的虚伪、谎言和无休止的争吵，

> 他抛弃了支离破碎的原生家庭和文明社会的一切,独自走向人迹罕至的荒野。在徒步前往阿拉斯加的途中,他与森林里的野生动物为伴,享受着大自然壮美的景色,自以为心灵得到了洗涤和净化。
>
> 起初,主人公感到无比满足和惬意。但随着时间的推移,他再也无法忍受孤独。幸好,在跋山涉水的过程中,他遇到了不少有趣的人。旅途中,他与一对夫妻不期而遇,夫妻俩热情真诚,让他短暂地感受到了友谊的快乐;在农场工作时,他结识了生活经验丰富的农场主,掌握了野外生存的技巧,这才意识到,只有从他人身上汲取智慧和经验,才能更好地立足于世;在大峡谷,他初次体验到了爱情的甜蜜和浪漫。虽然这段感情无疾而终,但他确确实实感受到了爱的力量。最后一程,他碰到了痛失至亲的老兵,老兵教会了他如何制作皮革、如何看待生命以及如何在爱与被爱的关系中获得幸福。从老兵身上,他感受到了亲情的力量。
>
> 人际关系的互动,重新塑造了主人公的价值观。最后主人公终于认识到,真正的快乐来自与他人的分享,孤独的人很难找到快乐的真谛。弥留之际,他用颤抖的手写下最后一篇日记:"分享是唯一的快乐。"结束了自己矛盾又充满缺憾的人生。

不可否认的是,良好的社交网络,可以为孩子提供情感支持和归属感,对于孩子的成长和身心发展,具有不可忽视的重要作用。但很多孩子就像步入荒野之前的那个主人公,尚未建立起功能完善的社交网络,也不懂得人类情感和社交的价值。这时,父母要想办法协助孩子建立自己的社交圈。

父母可以鼓励孩子与同龄人互动,看到孩子主动与他人交流,要用正向暗示和正面反馈的方式，给予孩子肯定和鼓励，认可他的努力和付出，激励他继续保持这种积极的态度和行为。如果孩子不知道如何社交，父母可以把一些实用的社交技巧传授给孩子，告诉他如何表达关切与问候，如何理解他人的想法和感受，如何与他人维系友谊，等等。强调完社交技能的重要性，父母要暗示孩子："相比于技巧，一颗真诚的心比什么都重要，友谊是靠真心来维护的。"

对于一个孩子来说，社交的对象不只包括同龄人，还包括老师、长辈等其他人。父母应当让孩子认识到亲情、友情和师生之情均来自社交关系，对每一段关系予以重视和维护，才能从关系中找到归属感和快乐。

作为家长，需帮助孩子建立积极的社会支持系统，但是任何时候都不能用成年人的社交法则支配孩子。每个孩子都有自己的喜好和选择，父母应当尊重孩子的个性和感受，不要强迫他与自己不喜欢的人或群体交往。

好的社交是良性的互动，同时也是感情的双向奔赴。父母应当暗示孩子，他有权利选择自己喜欢的朋友，而不是帮助他权衡利弊再择友。孩子有自己的择友标准，家长最好不要强硬干涉。

《荒野生存》中的主人公结交的朋友都是平凡的小人物，但是他们的言谈和行为处处折射着人性的光辉。主人公被感动恰恰是因为这些难得的品质。由此可见，孩子选择交友对象时，对方的品行应当排在其考虑的第一位。

孩子与他人产生摩擦时，父母关注情绪优于处理问题

高中时代，我和同学之间发生过一些不愉快的小插曲。基于种种原因，我误解过别人，错误地解读过他的话语和行为。相应地，同学

也误会过我，莫名猜忌我说话做事的动机，也给我造成了很大的困扰。那段时间，我总是满腹委屈，成天一副萎靡不振的样子。

老师知道了我们之间的纠葛，谆谆教导我说："你为什么这么在乎是非对错呢？在这个世界上，没有绝对的黑和绝对的白，对与错也只是相对的。你为什么一定要证明自己是正确的，别人是错误的呢？"听完这席话，我忽然醒悟了。老师说得没错，人与人之间产生矛盾，有时候很难说清谁对谁错，误解在所难免。执迷其中，毫无意义。

步入大学之后，我与同学也产生过小摩擦。不过，我的心态已经全然不同了，看待问题的角度也不一样了。我想，人际摩擦是人际关系中无法避开的一部分。成长经历、生活环境的差异，造就了千差万别的个体。每个人都有自己的个性和棱角，偶尔有冲撞，也是人之常情。经历了人际纠纷之后，我学会了包容和理解他人，获得了真正意义上的精神成长，这也算是一种收获。

一般来说，孩子和同学发生冲突，家长首先想到的是处理冲突，而不是帮助孩子处理情绪问题。这完全是本末倒置。孩子跟同学出现争执，可能会丧失一段非常重要的关系，在这种情形下，他会对校园生活产生排斥心理，要么无心向学，要么不想再理会同学。由此一来，正常的学习和生活将难以维系。所以，家长要首先关注孩子的情绪，可以通过讲故事的方式暗示孩子：人际冲突就像感冒一样，是非常正常的存在，不必把它想象得太可怕。

孩子若执迷于是非对错，父母可以引导他换位思考。代入他人视角看问题，孩子也许会发现，自己并非完全正确，同学并非完全错误。这时，父母不妨趁热打铁暗示孩子："人与人之所以会产生矛盾，是因为每个人的想法不完全相同。观念不同、习惯不同的人生活在一起，难免会磕磕绊绊。我们要学会尊重和包容彼此的差异，不能站在制高点上评判别人。"孩子的认知发生改变之后，父母可以询问孩子的想法。假如孩子自己有主意，打算跟同学冰释前嫌，那么就让他按照自己认可的方式解决问题。孩子不知道该怎么办，父母可以以参谋的身份协助孩子制定解决方案，至于具体的处理办法，不妨让孩子自行发挥。父母要试着相信孩子，他完全有能力处理好身边的事情。倘若他确实力所不及，父母再去支援也不迟。

帮助孩子筛选朋友，现身说法很有用

人与人之间的相识和相知，高度符合吸引力法则。简单来说，你是什么样的人，就会吸引与你相近或相似的人聚拢到你身边。

春秋时期，在一次出使楚国的途中，伯牙于中秋夜泊船汉江口，因思念故土而弹奏琴曲。钟子期恰巧路过，被琴声吸引，驻足聆听。伯牙弹奏《高山》，子期赞叹"巍巍乎若太山"；伯牙再弹《流水》，子期称赞"汤汤乎若流水"。伯牙大为惊叹，认为子期是自己的知音，两人遂结为挚友。

从这个例子来看，人们交友似乎是在寻找自己的倒影，因为接近与自己高度相似的人，可以清晰地看到自己的不同侧面。也就是说，两个人能结为朋友，完全是性情相投所致。不过，有时候，性格互补的人也能成为知己好友。譬如，保守、讲求安稳的中年人厌倦了四平八稳的生活，很有可能跟活泼、率性、富有冒险精神的年轻人结为朋友。年少的切·格瓦拉曾经和年近三十的阿尔贝托结伴环游南美大陆，两人年龄、阅历、喜好有很大差异，但性格互补，彼此好奇和欣赏，因此，在旅行的过程中一直相处得比较融洽。

所谓"近朱者赤，近墨者黑"，正确择友，才能保持自己的本性不被扭曲和污染。有时候，高质量的朋友还能给你带来灵魂上的觉醒和精神上的快速成长。孩子交友，道理相同。当他与性情相投的同学结为好友时，父母应做出积极的暗示，告诉他，他的朋友不错，作为家长，要相信他的判断和选择。当他跟与自己个性互补的孩子结交时，父母应教会他辨别朋友的品质，引导他观察朋友的言谈举止和其他细节，判断对方是否诚实、是否正直善良。假如那个孩子说谎成性、顽劣乖张、品行不端，又有多种劣习，父母应暗示：你的这个朋友不是好孩子，会对你产生不良影响。你最好主动远离他。

孩子不听劝，父母可以试着主动分享自己的成长经历，以现身说法的方式指导孩子正确择友。虽然父母和孩子成长于不同的时代，但是，成长时期遇到的烦恼和问题总有相通和相似之处。父母的亲身感受，是极有可能引发孩子的共鸣的。因为身边人的亲身体验，远比编造的故事和任何高深的理论都更有说服力。